KAWABATA MISHIMA
Correspondência 1945-1970

KAWABATA MISHIMA
CORRESPONDÊNCIA 1945-1970

Tradução do japonês e notas
Fernando Garcia

Introdução
Shoichi Saeki

Posfácio
Donatella Natili

Estação Liberdade

Título original: *Kawabata Yasunari, Mishima Yukio Ohfuku Shokan* (川端康成・三島由紀夫 往復書簡)
© Herdeiros de Yasunari Kawabata e herdeiros de Yukio Mishima, 1997
© Editora Estação Liberdade, 2019, para esta tradução
Todos os direitos reservados.

Preparação Fábio Fujita
Revisão Huendel Viana
Composição e supervisão editorial Letícia Howes
Imagem da quarta capa Foto de 18 de outubro de 1968, um dia depois da divulgação do Prêmio Nobel de Literatura, na casa de Kawabata. © Shinchosha.
Edição de arte Miguel Simon
Direção editorial Angel Bojadsen

CIP-BRASIL. CATALOGAÇÃO NA PUBLICAÇÃO
SINDICATO NACIONAL DOS EDITORES DE LIVROS, RJ

K32c

  Kawabata, Yasunari, 1899-1972
    Correspondência 1945-1970 / Yasunari Kawabata, Yukio Mishima ; tradução do japonês e notas Fernando Garcia. - 1. ed. - São Paulo : Estação Liberdade, 2019.
    256 p. ; 21 cm.

    Tradução de: Kawabata Yasunari, Mishima Yukio Ohfuku Shokan
    ISBN 978-85-7448-299-6

    1. Kawabata, Yasunari, 1899-1972 - Correspondência. 2. Mishima, Yukio, 1925-1970 - Correspondência. I. Mishima, Yukio, 1925-1970. 3. Escritores japoneses - Correspondência. II. Garcia, Fernando. III. Título.

19-55024   CDD: 895.656
                            CDU: 82-6(520)

Meri Gleice Rodrigues de Souza - Bibliotecária CRB-7/6439

01/02/2019   11/02/2019

Nenhuma parte da obra pode ser reproduzida, adaptada, multiplicada ou divulgada de nenhuma forma (em particular por meios de reprografia ou processos digitais) sem autorização expressa da editora, e em virtude da legislação em vigor.

Esta publicação segue as normas do Acordo Ortográfico da Língua Portuguesa, Decreto nº 6.583, de 29 de setembro de 2008.

Editora Estação Liberdade Ltda.
Rua Dona Elisa, 116 — Barra Funda — 01155-030
São Paulo – SP — Tel.: (11) 3660 3180
www.estacaoliberdade.com.br

三島由紀夫　川端康成　往復書簡

Sumário

Introdução	11
Correspondência 1945-1970	15
Posfácio	205
Biografias cronológicas dos autores	221
Referências bibliográficas	237

Nota dos editores

As cartas que compõem este livro foram publicadas originalmente sem edição de texto, arrastando consigo os erros cometidos pelos remetentes. Contudo, visando preservar o ritmo de leitura, a presente edição não retoma erros ortográficos nos quais é possível entender claramente a palavra pretendida pelos autores. Também vale assinalar que boa parte dos equívocos de redação cometidos por Yukio Mishima nas missivas está relacionada com a reforma ortográfica ocorrida no Japão ao fim da Segunda Guerra Mundial. Tanto ele quanto Yasunari Kawabata, educados na ortografia antiga, continuaram a usá-la, insistindo com a forma de escrita que lhes era familiar. Mishima, contudo, parece vez ou outra titubear entre o uso das duas ortografias, grafando palavras de modo incoerente tanto com a nova quanto com a antiga.

Também a fim de preservar a fluidez da leitura, são mencionados apenas em português os títulos das inúmeras referências de obras japonesas presentes nas cartas trocadas. O critério adotado foi a respectiva tradução livre ou o título da edição brasileira, quando existente. Isso vale para romances, novelas, contos que tiveram publicação em formato de livro, roteiros, revistas, antologias e afins. Todos os títulos originais constam nas "Referências bibliográficas" ao final desta edição (página 237 em diante). Nas referências em outros idiomas que não o japonês, o respectivo título original é mencionado entre colchetes.

Introdução

Shoichi Saeki[1]

Pode-se dizer que este livro teve início a partir de uma casualidade. Não faz muito tempo, na ocasião em que ficou decidido que os manuscritos inacabados, cadernos, etc. de Yukio Mishima [Kimitake Hiraoka] seriam todos transferidos à vila de Yamanakako, percebi que entre o material estava incluído também um grande volume de cartas endereçadas a Kawabata e, começando a espiar o conteúdo, de pronto fui fisgado. As primeiras cartas de ambos datavam de março de 1945; ou seja, Mishima teria então vinte anos, obviamente ainda não havendo feito seu debute literário, de modo que, enquanto sua inocência e fervor me traziam um sorriso ao rosto, suas cartas compunham, assim como foram escritas, um jovial autorretrato seu, relatando vividamente a quem as lesse suas ambições colossais e seus sonhos, suas viçosas fantasias e inseguranças — enfim, lê-las foi uma diversão indescritível.

É evidente que a relação de "mestre-aluno" que durou por quase toda a vida de Kawabata e Mishima já era em si conhecida havia tempos. Para citar um dos causos em que estive envolvido, quando publiquei meu primeiro livro de crítica literária, intitulado *Pensar o Japão*, posto que houvesse escrito sobre *O som da montanha*, depois de muito hesitar

---

[1]. Shoichi Saeki (1922-2016), escritor e crítico literário, professor emérito da Universidade de Tóquio, especialista em literaturas norte-americana e japonesa.

experimentei enviar uma cópia a Kawabata, e inesperadamente recebi como resposta uma longa carta em tinta *sumi*.[2] Acabei muito faceiro e, ao encontrar Mishima logo em seguida ao evento e contar-lhe a respeito, ele, que em geral era um sujeito afável, de súbito me exibiu uma cara de desgosto e declarou o seguinte: "Pois ultimamente o senhor Kawabata não tem conseguido dormir, e por isso está com esse hábito excessivo de escrever longas cartas." Claro, tal como ele disse, não havia dúvidas de que Kawabata não teria por que agraciar alguém como eu com longas cartas; de todo modo, espantou-me como o tom de Mishima na ocasião deixava transparecer um tanto em demasia seu ciúme subjacente. Talvez tenha ocorrido de, naquela mesma época, Mishima haver enviado sua obra mais recente de presente a Kawabata e por acaso a resposta para ele estivesse demorando, mas o fato é que me causou uma forte impressão o modo como uma pessoa normalmente tão mais atenta à etiqueta social que as demais tenha se exaltado por uma fração de segundo — bem, talvez não chegasse a tanto, mas ao menos ele se descompusera de maneira atípica, e ainda hoje me vem vívida à cabeça inclusive sua expressão descontente na ocasião.

Não, não se trata de uma história egocêntrica para me exibir, quero apenas fazer relembrar a todos como Yasunari Kawabata era alguém muito querido, uma existência imprescindível para Mishima. E quem pensaria que, não obstante, Mishima havia endereçado a Kawabata tantas cartas assim fervorosas, expondo-se com uma inocência quase pueril!

Para dizer a verdade, quando fui incluído como editor das *Obras completas de Mishima*, cheguei a pensar em criar um

---

2. Espécie de tinta nanquim.

Introdução

volume destinado a suas correspondências, mas sua viúva, Yoko Mishima, logo se manifestou dizendo ser "impossível", de todo modo, eu já havia de bom grado desistido de publicar suas cartas, pois seria uma tarefa irrealizável na íntegra enquanto não houvesse passado um largo tempo desde seu impactante suicídio. Todavia, dessa vez ocorreu por sorte uma inesperada "casualidade", como mencionei acima. E, felizmente, recebemos também o aval de ambas as famílias Kawabata e Mishima, podendo enfim revelar as cartas ao público, o que me alegrou do fundo do coração.

Embora desde antigamente tenham sido sempre poucos os exemplos de coletâneas de correspondências entre dois escritores, mesmo na Europa ou nos Estados Unidos, ainda que não sejam completamente inexistentes, são ainda quase uma raridade no Japão. Não posso deixar de pensar como seria gratificante se esta publicação servisse como um estopim para outras do gênero.

Correspondência
1945-1970

De Yasunari Kawabata
Kamakura-shi, Nikaido nº 325
Ao sr. Kimitake Hiraoka[1] (A/c do sr. Azusa Hiraoka)
Tóquio, Shibuya-ku, Oyama-cho nº 15

8 de março de 1945

Hoje recebi fortuitamente de Noda[2] sua elevada obra *Floresta em plena florescência*. Havia lido uma parte na revista *Cultura artística*, e seu estilo já me prendera o interesse desde então, de modo que estou ansioso agora por ler o livro completo.

Quanto a Yoshihisa[3], eu também queria escrever sobre ele e por isso estou pesquisando um pouco, tanto que outro dia tive vontade de mandar uma carta a Nakagawa.

Quem me entregou o *Floresta em plena florescência* hoje foi Shimaki, em casa de conhecidos em Kita-Kamakura. Havendo eu saído para ver os preparativos de evacuação de patrimônios devido à guerra, pude notar um número tão grande de coisas que até parecia mentira: eram obras de Sotatsu, Korin, Kenzan[4], além de *koya-gire* e *ishiyama-gire*[5], com algumas

---

1. Nome de batismo de Yukio Mishima.
2. Utaro Noda (1909-1984), poeta e crítico literário japonês conhecido por suas obras com relatos sobre passeios em áreas frequentadas por escritores famosos.
3. Yoshihisa Ashikaga (1465-1489), xogum do período Muromachi. Kawabata se refere aqui a outra obra de Mishima, *Idade Média*, que começou a ser serializada em fevereiro de 1945, cujo protagonista é Yoshihisa.
4. Todos renomados artistas japoneses.
5. Manuscritos de poesia clássica japonesa do século XI.

chegando a remontar às eras de Tenpyo e mesmo Suiko[6]; até esqueci o clima recente. As ameixeiras vermelhas, a propósito, já desabrochavam.

Por ora lhe escrevo abreviadamente, sem mais.

Yasunari Kawabata

---

6. Eras japonesas dos séculos VIII e VI, respectivamente.

(Cartão-postal)
De Kimitake Hiraoka (A/c do sr. Azusa Hiraoka)
Tóquio, Shibuya-ku, Oyama-cho nº 15
Ao sr. Yasunari Kawabata
Kamakura-shi, Nikaido nº 325

16 de março de 1945

Agradeço muito por o senhor, além de não fazer nenhuma reprimenda frente à indelicadeza de receber abruptamente um livro meu através de Noda, agraciar-me ainda com uma cortês correspondência.

A capital não tardou a se tornar um palco para a guerra[7]; em meio à frialdade que voltou a enregelar a capital, as ameixeiras murcharam antes mesmo que se pudesse refletir sobre seu desabrochar, e vamos perdendo o frescor característico da primavera. Eu pretendia aproveitar a folga de agora para tentar escrever as histórias românticas *Yoshimasa*[8] e *Antes das íris*, mas não sei o que será.

Ontem me deparei com *O País das Neves* em uma loja de livros usados em Aoyama e o comprei. Não deixe de cuidar da saúde.
Abreviadamente,

KIMITAKE HIRAOKA

---

7. Entre 9 e 10 de março de 1945, a Força Aérea estadunidense bombardeou Tóquio, deixando cem mil mortos.
8. Minamoto-no-Yoshimasa, poeta japonês do século XII. A peça de teatro inacabada *Yoshimasa* acabou servindo de base para a ópera de rádio *Íris*, uma adaptação do conto "Antes das íris", o qual foi publicado na revista *Modernidade*, em outubro de 1945.

De Kimitake Hiraoka
Tóquio, Shibuya-ku, Oyama-cho nº 15
Ao sr. Yasunari Kawabata
Kamakura-shi, Nikaido nº 325

18 de julho de 1945

Desculpe-me o largo silêncio. Espero que o senhor tenha passado bem de saúde e sem problemas. Pois bem, devido aos esforços de guerra, recebi ordens de mobilização de trabalho a partir de 5 de maio, e meu endereço atual é "Kanagawa-ken, Koza-gun, Agência Yamato, A/c do Arsenal de Koza, Quinto Dormitório de Operários, Faculdade de Direito da Universidade de Tóquio, Primeira Companhia". Por acaso estive de regresso à capital e, sentindo o desejo súbito de contatá-lo, dedico-me agora a esta carta.

Aqui me incumbiram do trabalho de cuidar da biblioteca dentro do dormitório destinado aos universitários, onde passo os dias agradecendo pela dádiva de ter tempo suficiente para escrever.[9] À parte isso, também me encarrego de editar a revista interna do dormitório e de outras tarefas, tratando-se todas de responsabilidades que me agradam muito, o que me faz pensar ser minha vida atual bastante feliz. Em meu quarto pendurei o *tanzaku*[10] *Despedida na manhã seguinte*, do mestre Sato; na

---

9. Supõe-se que neste período Mishima escrevia o conto "Uma história no cabo", publicado em julho de 1945.
10. Tira ornamental de papel normalmente de 36 x 6 cm, usada para escrever poesia.

estante de livros mantenho obras de Chikamatsu, Namboku, Kyoka, Yakumo, Tagore, Nerval, entre outros; o vaso de flores decoro com cardos estivais — entretanto, enquanto os cardos e eu observamos pela janela os prédios do dormitório pintados com uma camuflagem suja, as grandes chaminés gastas pelo tempo e as nuvens brancas, os dias vão passando e nos cansamos de esperar o verão que não chega. Preocupo-me, pois, apesar de eu gostar de trabalhar lutando contra o calor, o clima deste ano insiste em continuar fresco em demasia, e parece refrear a vontade que com tanto esforço se havia em mim excitado.

A guerra só faz se tornar mais violenta, de modo que minha escrivaninha para trabalhos de literatura começou repentinamente a se estreitar. Só resta espaço para um mero maço de papéis. Mesmo para usar a caneta meu cotovelo esbarra em algo, e não posso movimentá-la como quero. Não sei se trabalhar como um louco em tempos assim de fato satisfaria aos deuses da literatura. Tenho apenas a consciência fervorosa de que satisfaço a algo ou alguém. Falando com sinceridade, trabalhando assim insanamente não há como nascer o broto de nenhuma literatura nacional de maior relevância. Não há como nascerem palavras novas, um estilo novo, tampouco uma literatura nova. Embora sejam muitas as ocasiões em que penso sobre o verdadeiro significado da novidade na literatura; creio que o sentido da novidade não se restringe apenas a imbuir nas letras o ardor da consciência dos tempos atuais, mas devendo possuir também, naturalmente, o sentido de cantar este instante sem sentido que é o presente vertiginoso com a frouxidão de uma pessoa demente, e creio ser possível pensar em uma novidade que ultrapasse o grau de antiguidade ou de inovação dos conceitos de até então sobre palavras, texto, estilo e todos os demais aspectos da arte (ou seja, que ultrapasse a postura de assumir como único padrão a distinção entre o que é velho e o que é novo, o que já existia e o que não existia). Uma literatura assim, mesmo que não possua o chamado "valor literário" do passado, talvez atinja a longevidade apenas com valor ***[11] para a história da literatura. Eu próprio desconheço o que significa esse meu estado assustador de compenetração e, embora possa somente dizer que me movimento com a frivolidade de um boneco titereado por mãos divinas, ao mesmo tempo tenho uma esperança assaz cotidiana, assaz mundana, quero dizer, apego-me a um desejo quase inescapável, como uma doença crônica, de deixar para a posteridade, a todo custo, um conto que possa ser considerado belo mesmo em um mundo onde as pessoas já não mais escrevam, um conto que, ao deixar jogado aí por esse mundo, possa ser mencionado por qualquer pessoa que o encontre como "de certo modo bonito". O que será esse desejo idiota? Seria uma triste fuga temporária como a descoberta do açúcar de *shiso*[12], por não encontrar nada mais de doce? Continuar trabalhando com a consciência egocêntrica e fanática de que "estou satisfazendo algo" enfim satisfará o quê? Hoje é exigido da literatura o "abandono das ilusões", mas nunca houve um momento com tanto risco de o próprio "abandono das ilusões" tornar-se uma ilusão.

Eu imaginava que a literatura ao menos não fosse esta vida de fé ensandecida e de dúvidas, esta vida de Martinho Lutero. Pensava que perder a vida cotidiana seria algo letal. Imaginava que viver questões secundárias a fim de pensar sobre questões primárias constituía a verdadeira forma da

---

11. Palavra cuja caligrafia não pôde ser decifrada pelos editores no original.
12. O açúcar extraído do *shiso* (*Perilla frutescens var. crispa*) foi utilizado durante a Segunda Guerra Mundial, mas logo proibido devido à descoberta de efeitos tóxicos.

literatura. Contudo, será que meu eu atual possui qualificação para falar de "viver" com algum ar de autoridade? Vem-me ao pensamento a época em que aqueles antigos e majestosos répteis gigantes chegaram subitamente ao limiar da extinção pelas mãos severas da seleção natural. Mas, como seria se um grande número deles houvesse escapado à calamidade e continuado a proliferar em alguma parte? Creio que em seus hábitos haveria restado algum comportamento pertinaz de quem certa vez "chegou ao limiar da extinção". Como compensação por haverem vivenciado algo como a extinção, que não é um modo de vida, tornar-se-iam cada vez mais deformados. Se não recebessem ajuda da raça humana, imagino que acabariam extintos de qualquer maneira. Não é possível, talvez, reconhecer também na literatura a existência de limites da experiência, limites não ultrapassáveis e que fogem do domínio da experiência literária (como Rilke a entendia)? Não chegará o momento em que serei obrigado a fazer a escolha penosa de realizar, fora do âmbito da literatura, as minhas visões literárias fatalistas?

Às vezes ocorre de eu pensar que, como um preparativo tácito para a chegada desse momento, escrever um "belo conto em estilo antigo" é um desejo que pode ser perdoado. O orgulho de uma flor, antes de dizer que existe durante o desabrochar, ou no início do desabrochar, talvez flutue em um ponto único, no "desabrochar agora". Pensar assim me consola grandemente. Afinal, permite-me imaginar um modo de vida que serve como preparativo, não somente como fonte de experiências, e ainda em um modo de vida fundado no próprio ato de existir. E também porque o tempo pode ir passando sem que chegue aquele lamentável e único momento. De certa maneira me tornei um otimista. Não temo em particular sequer o plágio. Nem mesmo o *tempo*!

Estou escrevendo um romance e poemas que me dariam vergonha de lhe mostrar. Absorto, assim contribuo um pouco para minha própria saúde.

Confiei a Utaro Noda o manuscrito de *Idade Média*[13], e lhe pedi que o entregasse ao senhor se por acaso se encontrassem. Imagino que já tenha chegado a seus olhos. Escrevi aquilo com a atenção presa, e talvez esteja repleto de um sabor vulgar, como o de um oráculo de uma divindade de um santuário menor. Trata-se apenas da única obra que tenho de recente e que queria lhe mostrar.

Peço desculpas por falar desveladamente sobre mim apenas, decerto é um inconveniente para o senhor. Por favor, perdoe minha falta de educação.

Acontece que tive vontade de lhe falar, de aproveitar sua atenção, e assim escrevi tais balbucios desvairados. Consterno-me imaginando se de fato pude expressar-me como pretendi.

Ouvi dizer que Kamakura também está cada vez mais sob risco de um ataque aéreo.

Desejo mais que tudo que o senhor tome boa conta de sua saúde.

Termino aqui de falar apenas de assuntos meus. Não me tenha em má conta.

Abreviadamente,

KIMITAKE HIRAOKA

---

13. Mishima visitou Noda por volta de novembro de 1944 na editora Kawade Shobo, quando lhe confiou o referido manuscrito. A primeira parte da obra foi publicada na edição de fevereiro de 1945 do periódico *Século da Literatura*.

De Yukio Mishima (A/c do sr. Hiraoka)
Tóquio, Shibuya-ku, Oyama-cho nº 15
Ao sr. Yasunari Kawabata
Kamakura-shi, Nikaido nº 325

14 de janeiro de 1946

Feliz Ano-Novo.
É com alegria que lhe desejo cada vez mais saúde.

Pois bem, sei que é uma indelicadeza tal correspondência abrupta, mas estas férias de inverno da universidade acabaram se tornando inesperadamente generosas, até o dia 10 de fevereiro, e, embora estivesse ansioso por encontrá-lo durante o recesso para conversamos diretamente, não me veio a oportunidade de perguntar por sua conveniência, e, apesar de pensar em pedir a Noda da revista *Literatura* que lhe perguntasse, tampouco houve ocasião de encontrá-lo, de modo que, sem alternativas, e conquanto imagine ser inoportuno ao extremo, acabei decidindo contatá-lo por escrito. Por favor, não me tenha em má conta.

Quando porventura nos encontrarmos, quero lhe falar a respeito de um oficial do exército de ocupação chamado Ash, o qual domina com maestria o japonês. Essa pessoa é um grande admirador de seus livros, dizendo achar *A Gangue Escarlate de Asakusa* o mais interessante de todos. Imagino que alguém como ele, seja do ponto de vista da educação, seja da personalidade, deve sobressair mesmo dentro do exército de ocupação.

Como estão mantendo Nakagawa em Koshu, o pessoal da *Século da Literatura* por ora se dispersará; mas imagino que, por outro lado, ele agora começará a escrever alguma obra de qualidade. Havia pessoas estranhas na *Século da Literatura*, e a tendência era de que continuassem levando a publicação para uma direção cada vez pior.

Embora eu siga consternado com o fato de recentemente não haver livros para ler, autores como Yakumo Koizumi são sempre interessantes, não importando a época. Não faz muito resolvi ler novamente *Aberto à noite* [*Ouvert la Nuit*], de Morand, e me deparei com a passagem "Dizendo em poucas palavras, uma vez que não havia nenhuma semelhança com a restauração da paz de profundidade religiosa que esperavam as pessoas, este novo estado das coisas, pelo contrário, para nós parecia mais perigoso, mais belo que a morte que vínhamos experimentado durante o período de guerra"[14], e me comovi ao pensar que o mundo está sempre repetindo os mesmos eventos, sem nunca se cansar. Embora hoje a imortalidade, a imutabilidade e a constância da literatura, bem como sua novidade e antiguidade, sejam problematizadas todas em conjunto, creio que, caso não se pense em tais questões dividindo-as com clareza, pode-se atrair mal-entendidos.

Por fim, conquanto lhe seja um incômodo, eu ficaria muito feliz se o senhor pudesse escrever no cartão-postal envelopado juntamente a esta carta a data e a hora de sua conveniência, inserindo-o na caixa dos correios quando possível.

---

14. Tradução para o português a partir da tradução japonesa do original em francês.

Não deixe de cuidar sempre da saúde, e perdoe-me a imposição.

Abreviadamente,

YUKIO MISHIMA

P.S.: Para chegar à sua residência dobro à esquerda passando em frente ao santuário Tsurugaoka Hachimangu e desço a ladeira, é certo?

De Yukio Mishima (A/c do sr. Hiraoka)
Tóquio, Shibuya-ku, Oyama-cho nº 15
Ao sr. Yasunari Kawabata
Kamakura-shi, Nikaido nº 325

19 de fevereiro de 1946

Desculpe-me pelo incômodo do outro dia.

Pois bem, segunda-feira tentei visitar Kimura na Shirokiya, mas me disseram que ele não voltaria por algum tempo, devido a uma perda familiar em Tóquio. Fui pela primeira vez à Kamakura Bunko[15] da Shirokiya e encontrei o local bastante movimentado, parecendo-me maior que as seções de livros das lojas de departamento antigas.

O senhor estará no escritório na segunda-feira da semana que vem (dia 25)? Eu gostaria de visitá-lo, levando comigo na ocasião meus manuscritos mais recentes: "Uma história no cabo" e o primeiro capítulo de *Os ladrões*. Caso o senhor não esteja, e caso Kimura ainda não tenha regressado de Tóquio, a quem porventura eu poderia entregar o material?

Muito obrigado pela edição de fevereiro da *Humano*. Foi com profundo interesse que li a biografia comentada de Shunsui escrita por Kafu, enquanto consultava a cópia de *Flor de ameixeira*[16] que havia adquirido recentemente.

---

15. Editora e casa de empréstimo de livros fundada por Yasunari Kawabata e Masao Kume, entre outros, cujo escritório se situava no segundo andar da loja de departamentos Shirokiya.
16. Obra da autoria do dramaturgo Shunsui Tamenaga (1790-1844), assunto central da biografia comentada escrita por Kafu.

Bem, estamos justo na época do frio, portanto não deixe de cuidar da saúde.

Abreviadamente,

KIMITAKE HIRAOKA

De Kimitake Hiraoka (A/c do sr. Azusa Hiraoka)
Tóquio, Shibuya-ku, Oyama-cho nº 15
Ao sr. Yasunari Kawabata
Kamakura-shi, Nikaido nº 325

3 de março de 1946

Queira me desculpar pelo incômodo do outro dia. Acabei absorto pela atmosfera do escritório, tão fora do usual para mim, e não recordo bem o que disse, mas, caso tenha proferido alguma indelicadeza, por favor, não me tenha em má conta.

Eu gostaria de algum dia encontrá-lo não para tratar de algum afazer, mas sim para lhe falar com calma de minha pessoa; contudo, como quando abro a boca falo apenas com mais e mais inaptidão, decidi por escrever uma carta. Em uma carta para Schiller, Hölderlin disse: "Sempre fui tomado pelo sentimento de querer encontrá-lo. No entanto, ao encontrá--lo, eu acabava me comparando ao senhor e não podia deixar de sentir a efemeridade de minha pessoa." E ainda em outra passagem: "Durante o tempo em que estava ao seu lado, meu coração se apequenava por completo. Se eu então tentasse me afastar, não sabia o que fazer com o desgrenhar do meu peito." Em mim também aparecem nitidamente os sintomas desse "coração desgrenhado" de Hölderlin.

Li o ensaio[17] de Takeo Kuwabara na edição de fevereiro da *Humano* e me senti assaz contrariado. Em particular, a conclusão

---

17. Ensaio intitulado "O ponto fraco do romance moderno japonês" [*Nihon Gendai Shosetsu no Jakuten*].

superficial de que "a arte nasce da imitação" não permite crer
que ele escreveu o texto em pleno uso das faculdades mentais.
Pois não é verdade que a arte nasce da experiência? Uma experiência de nível mais elevado que aquelas da vida cotidiana,
uma experiência que se torna simbolizada após um efeito de
fermentação. As assim chamadas experiências cruas se convertem em símbolos através do efeito de fermentação causado
pelo "tempo" (refiro-me a um tempo psicológico). A fermentação
(seleção, escolha e transformação química) ocorre de modo
completamente involuntário, instintivo. Ou seja, a experiência
no escopo da arte é uma experiência especial, selecionada por
algo transcendente. Por conseguinte, quando se fala da forma da
arte, no passo primeiro da experiência especial (um tipo de lenta
inspiração), confunde-se antes a existência de circunstâncias
trans-históricas, e no segundo passo, do efeito de fermentação
inconsciente, ocultam-se circunstâncias históricas. Tudo aquilo
que parece tornar-se uma cópia constitui apenas um excesso de
tais circunstâncias históricas. Ou seja, um escritor, ao mesmo
tempo que evita a cópia, permite a cópia que assim o é por
essência. Da mesma maneira que é difícil distinguir, dentre
as experiências artísticas, aquelas que são empíricas daquelas
que são transcendentais, não é possível distinguir uma cópia
assim essencialmente necessária da originalidade (criação).
Também por esse ponto de vista, creio que o ensaio de Kuwabara
é extremamente superficial. Afinal, ele dá uma importância
injustificada à cópia modelar, sem mencionar cópias internas,
históricas, essenciais. Na própria *empatia*, que é um produto da
cópia essencial difícil de ser evitado, já hão de existir elementos
que ultrapassam o conceito da cópia. Trata-se de uma espécie
de mecanismo artístico, que se torna uma questão de teoria da
eventualidade. Mas Kuwabara não aborda tais assuntos.

A última parte do conto de Satomi[18] publicada na edição de fevereiro da *Humano* foi bastante estimulante. Possui um estilo não raro encontrado entre meus veteranos da Universidade Gakushuin. "De súbito sentiu um nó na garganta. Entristecia-se já não pelas meninas, mas pelo próprio destino da pátria mãe..." — Uno[19] escreveu descontraidamente na edição de fevereiro da *Panorama* sobre os eventos em seu lar durante e depois da guerra. De repente passei a temer o monstro que é um *conto* tão impassível, capaz de empregar como tema a desgraça de nosso país de maneira assim vívida e habilidosa. Podemos mesmo fazer isso? Podemos estar tranquilos dizendo que essa é a extensão do abraço[20] dos romances? Pode um escritor criar solto como gado chimarrão o monstro insaciável que é um romance? Depois de comparar com a descontração da *realidade* detalhada que aparece na obra de Uno, eu enfim pude me enamorar da violência *artificial* que Wilde sugere em seu *O declínio da mentira* [*The Decay of Lying*].

Li a crítica de meu trabalho que o senhor me havia mencionado, escrita por Takayama, "estudioso(a) de literatura japonesa", e o fiz com bastante interesse, por haver já algum tempo que não me deparava com nada que tivesse cara de crítica. Contudo, tudo o que disse foram coisas horríveis, maçantes e sem inteligência. Ocorreu-me que gostaria de ter lido uma crítica de alguém um pouco melhor. De Tetsutaro Kawakami ou Tetsuzo Tanikawa, por exemplo. (Embora eu esteja ciente

---

18. Ton Satomi (1888-1983), escritor. O conto referido é "Abandonando uma anciã".
19. Koji Uno (1891-1961), escritor. A publicação referida é o conto "Altos e baixos".
20. Pela leitura dos ideogramas, imagina-se que Mishima quis escrever "poder de tolerância" em vez de "poder de abraço".

de que "Antes das íris" é claramente um conto grosseiro, que causa aversão só de olhar.) Mesmo agora consigo relembrar vividamente quanto me debati para escapar do chamado "*kokugaku*"[21] do grupo da *Cultura Artística*, na qual fui batizado durante a guerra.[22] Quando escrevi "Um carro na noite"[23], um conto excêntrico publicado na última edição da *Cultura Artística* que marcou meu afastamento da literatura nacional, senti como que um alívio no peito. Afinal, eu entendia a literatura nacional como parte do movimento do Romantismo, e apreciava a espécie de sombra de vida curta que nunca se afastava dela. Porém, enquanto rejeitavam gradualmente o Realismo, eles passaram a se sentir tristes pelo fato de se tornarem cada vez mais pobres. Frente a uma crise da literatura nacional como essa, fiz menção de lhes sugerir a questão do Mecanicismo. Trata-se de algo com relação próxima à arte decadente do Artificialismo, mas eles não fizeram a mínima questão de tentar compreendê-lo. Não compreenderam que, a partir da união entre o Romantismo e o Mecanicismo, pela primeira vez poderíamos fazer oposição ao Realismo em todas as épocas. O Romantismo é a padronização de uma espécie de impulso extintivo. Originalmente não é possível antecipar a perfeição no que se refere a uma obra. Embora a realidade vá se tornando literatura conforme se vai escrevendo a literatura realista, na literatura romântica

---

21. "Estudos nativos", corrente de pensamento que visava focar estudos acadêmicos na tradição clássica japonesa, evitando o estudo então dominantemente sinocêntrico.
22. Fumio Shimizu, um dos fundadores da revista, foi responsável por atribuir o pseudônimo "Yukio Mishima" a Kimitake Hiraoka.
23. Conto publicado na edição de agosto de 1944 do periódico. Foi posteriormente reintitulado "Excertos de um diário filosófico deixado por um assassino habitual da Idade Média".

a literatura parece já existir antes mesmo que se comece a escrever. É por isso que a escola romântica tem como primeiro passo o "desespero da expressão". Todavia, ao que o impulso interior vai sendo contraído por meio de objetivos pessoais e ao que o arte-pela-arte torna-se um lema, a literatura passa a ser esmagada por um desejo modular diferente, cai no formalismo, e o impulso interior essencial em algum momento se dispersa, acarretando uma literatura artificial e sem conteúdo. A literatura de Théophile Gautier se aproxima um pouco disso, não? Eu *não me filio* a nenhum dos lados. Tampouco uso a palavra "artificial" com o mesmo sentido que Gautier. Pensando bem, prefiro ter como ponto de partida o "desespero da expressão". Todavia, foi a fim de resgatar tal desespero das garras da loquacidade e da arbitrariedade românticas que pensei em introduzir um Mecanicismo radical (com efeito quase totalmente cruel). O Romantismo, devido ao definhamento da expressão, corre o risco de se dirigir inevitavelmente a um Classicismo alheado. Para prevenir isso, faz-se necessário o estímulo violento de um Mecanicismo inclemente. Ou seja, não pretendo materializar o impulso interior na obra de modo real, objetivo, mas primeiro reduzi-lo a algo inorgânico, para montá-lo de forma mecânica e então organizá-lo. Quero condensar o impulso interior na forma que assume a cada instante, remontando-o artificialmente fora das limitações de tempo e espaço. Pode-se extrair dessa metodologia de remontagem uma força inigualável frente ao Realismo. Isso porque se trata de algo que não podemos chamar de expressão. O artificial não é, pois, o desejo humano em sua forma mais pura, sem falsidades? Não está enraizado na natureza humana com mais força que o desejo de simplesmente reproduzir a realidade? E não é o Mecanicismo-Romântico mais real do que o Realismo?

Pois, com uma metodologia mecanicista, o impulso interior romântico vai sendo *artificialmente* reproduzido, coletado e reaceso um sem-número de vezes. Isso sempre empurra o autor para o passo inicial da criação, para o abismo inicial. Mas uma teoria literária como a supracitada ainda não está amadurecida em mim.

Estou escrevendo o segundo capítulo de *Os ladrões* com a motivação e a vitalidade que ganhei depois de ter me encontrado com o senhor. Após completá-lo, quero escrever um conto com o difícil título de "Um conhecimento sub-reptício".[24] Esse "conhecimento" é em referência ao verbo "conhecer" no sentido bíblico.

Talvez se recorde que, ao me encontrar com o senhor pela primeira vez, eu havia dito que, embora não conseguisse trabalhar a não ser que fosse de madrugada, quando nem sequer os pássaros fazem algum ruído, por outro lado eu tampouco podia fazê-lo em local afastado das pessoas, e agora sinto na pele como aquelas palavras eram verdadeiras. Quando me lanço à escrita não posso evitar ser tomado pela insegurança, e sinto que me torno vazio, sem ter em que me apoiar. Será a "solidão do sol doador" de que falava Nietzsche? Sinto que a felicidade de receber alguma dádiva é muito distante para mim. Nem sequer a solidão eu consigo amar mais que por um mero instante. Não posso manter-me em paz com minha solidão irrequieta. Anseio por um amigo. Mas o amigo não vem. Sinto do fundo do coração ser uma maldição o fato de meus braços haverem sido feitos para abraçar alguém. Penso em me

---

24. No original, *Ingin*. Uma tradução mais literal do título seria "intimidade". Para explicar a conotação desejada da palavra (relações sexuais), Mishima cita como exemplo uma expressão antiga (*ingin wo tsuzuru*, manter relações sexuais furtivas).

desfazer de minhas mãos. Penso que quero perder estes meus tentáculos. Neste estado, não posso em absoluto suportar a ideia de encontrá-lo. Imagino que o senhor poderia apagar essa minha chama com um único sopro.

Bem, perdoe meus comentários impensados. Desejo-lhe ótima saúde.

Abreviadamente,

KIMITAKE HIRAOKA

De Kimitake Hiraoka
Tóquio, Shibuya-ku, Oyama-cho nº 15
Ao sr. Yasunari Kawabata
Kamakura-shi, Nikaido nº 325

15 de abril de 1946

Olá, perdoe-me por incomodá-lo repetidas vezes quando o senhor está tão ocupado. Pois bem, hoje fui agraciado com uma cópia de seu *O País das Neves*, o que me deixou deveras contente. Como já fazia quatro ou cinco anos desde que lera *Lírica*, o qual devorei na casa de minha tia em Kugenuma, comecei relendo esta obra, e em seguida li pela primeira vez *Arco-íris*, sem parar para recuperar o fôlego. Embora lamente muito não haver podido lhe falar calmamente, durante essa leitura senti como se o senhor me estivesse transmitindo pacientemente seus ensinamentos e sabedoria. Ao ler *Lírica* pensei em uma estranha coincidência. Minha obra *Idade Média*, que lhe mostrei hoje, também fala sobre o espírito (embora seja verdade que, quando comparada a *Lírica*, seu tema principal não passe de uma reles história menor e feia sobre possessão espiritual). Não apenas isso, mas, ao ler sua bela máxima: "a palavra 'alma' por acaso não será usada como se fosse somente um adjetivo que corre por tudo que existe no mundo?" —, soltei sem pensar uma interjeição de espanto. Pois hoje pela manhã, antes de sair de casa, eu estivera escrevendo no terceiro capítulo de *Os ladrões* a seguinte passagem verbosa: "A alma não seria um conceito genérico de tudo o que existe e inexiste? [...] Contudo, os alvos dessa subsunção não são somente formas, não são somente abstrações. São a existência que se aproxima infinitamente da inexistência, e a inexistência em um instante que encurralou a existência. Por conseguinte, a forma (alma), que possui o efeito de tudo envolver, está em constante e eterna transformação, sem saber quando parar." Frente a esse pensamento jocoso, sem pé nem cabeça, aquele trecho da *Lírica* serviu como que para abrir de supetão uma claraboia e revelar-me o fresco céu azul. Creio que uma fantasia à luz do dia tal como a *Lírica* é rara em nosso país. Não é necessário o *Em louvor da sombra*, de Tanizaki, para entender que o Japão é o sopé da gigantesca noite asiática e, precisamente do mesmo modo que escritores irlandeses dão importância ao *twilight*, em meio a esta nossa noite de céu suavemente vago, como um leve pilar negro sem rigidez, como um beira-mar, foi contada aqui uma grande variedade de histórias fantásticas. A era dos deuses terminou, e eles se esconderam dentro da noite.[25] Os deuses nunca mais dançaram sob o sol do meio-dia. Às vezes acontece de eu inadvertidamente sentir um aperto no peito ao ler histórias da Idade Média tal como os *otogizoshi*[26] e ver que aquele mundo parecia estar todo imerso em uma noite dentro de uma pequena caixa. Apesar de nós japoneses sermos abençoados por uma natureza e uma luz do sol assim tão belas, demos as costas inclusive aos elogios de Hearn, que nos chamava de "os gregos do Oriente", e prosseguimos com as faces sempre voltadas para a noite. Mesmo nos escritos de Koyo ou Kyoka está sedimentada a *noite* dos tempos mais recentes.

---

25. Referência à lenda da mitologia xintoísta de que a deusa do Sol, Amaterasu, esconde-se em uma caverna e deixa o mundo na escuridão.
26. Contos ilustrados do período Muromachi considerados como formativos de um dos gêneros de transição entre a literatura de corte do período Heian e a literatura plebeia do período Edo.

Mesmo Haruo Sato, que parece tão adaptado às influências do Ocidente, continua sem poder espantar um tênue vestígio noturno. Na estética enraizada profundamente nos japoneses, a *noite* existe quase como um elemento essencial. Entretanto, creio que a *Lírica* pela primeira vez motivou-se na beleza e no amor naturais do Japão, como uma fantasia à luz do dia, em outras palavras, erigindo deveras o Japão como a "Grécia do Oriente", despertando-nos a todos. Sua altura, sua ausência de impurezas, sua elegante sonância quase que celestial, como o vibrar das cordas de um *koto*[27] ao serem tocadas momentaneamente — e, ainda por cima, nenhuma dessas suas qualidades se torna abstraída ou em vão grandiosa, antes se envolvendo em uma tristeza semelhante a uma brisa suave; em outras palavras, respiram em silêncio a uma sombra carnal. Sua obra desperta profundamente no peito a sensação de união entre carne e espírito. E sempre deixo escapar em segredo um riso desconcertado quando ouço críticos falando da "sensibilidade de Kawabata" ou da "poesia de Kawabata". Se estamos falando de simples sensibilidade e poesia, mesmo Tatsuo Hori também as possui. Entretanto, se nós o reverenciamos como se você (perdoe-me esse pronome pessoal ríspido) estivesse em um local tão mais elevado que Tatsuo Hori, é porque nos mostra um sutil contrato tácito, assim como o céu azul e as nuvens que o decoram, entre carne, sentidos, mente e instinto, enfim, entre tudo o que há de espiritual e de carnal. Imagino que como catalisador disso tudo está o segredo daquela "tristeza" sussurrante nossa, japonesa. Contudo, ainda acredito que seu trabalho não pode ser expresso com meras palavras como "obras de poesia incorporada" ou "de sensibilidade incorporada",

---

27. Espécie de cítara japonesa.

pois é uma literatura ímpar, de uma pessoa que logrou tocar nas carnes da divindade que reside na tristeza do *corpo* e na beleza do *corpo*.

Quanto a *O País das Neves* (quantas vezes já tive a honra de ler essa obra!), é tão grandioso e tão elevado que tudo o que posso fazer é reverenciá-lo tal qual um jovem pastorzinho que, voltado para os picos inatingíveis dos Alpes azuis, devaneia se perguntando se, um dia, poderá escalar aquelas montanhas.

Talvez tenha acabado dizendo necedades indelicadas devido ao excesso de minha comoção. Por favor, não detenha minhas palavras no pensamento.

Bem, espero que o senhor continue sempre com excelente saúde.

Kimitake Hiraoka

De Kimitake Hiraoka
Tóquio, Shibuya-ku, Oyama-cho nº 15
Ao sr. Yasunari Kawabata
Kamakura-shi, Nikaido nº 325

3 de maio de 1946

Li sua carta, e fico muito agradecido. Atendendo a um pedido fortuito, enfim escrevi o "artigo sobre a *Lírica*"[28] que já tinha planejado desde antes, e agora o envio ao senhor. Imagino que o senhor cuidará ser impudência de minha parte escrever tal texto apesar de minha inexperiência, mas rogo por seu perdão, pois fi-lo somente porque não pude conter meu amor pela obra. Gostaria de incomodá-lo mais uma vez quando o senhor tiver algum descanso; porventura estaria livre ao redor do dia 12?
Bem, desejo-lhe saúde frente a este clima tão atípico.
Abreviadamente,

KIMITAKE HIRAOKA

---

28. "Sobre a *Lírica* de Kawabata" [*Kawabata-shi no Jojoka ni tsuite*], publicado na edição de 29 de abril de 1946 do jornal *Vida do Povo*.

De Kimitake Hiraoka (A/c do sr. Azusa Hiraoka)
Tóquio, Shibuya-ku, Oyama-cho nº 15
Ao sr. Yasunari Kawabata
Kamakura-shi, Nikaido nº 325

12 de maio de 1946

Expresso minha sincera gratidão por o senhor permitir que eu o incomodasse hoje desde cedo, agraciando-me com tantas palavras amáveis e ainda por cima se dignando a me convidar para comer.

E perdoe-me a grosseria de estar continuamente lhe mostrando coisas tão inaptas, apesar de o senhor estar tão atarefado.

Minha gratidão profunda por sua crítica e aconselhamentos sobre *Idade Média* e *Os ladrões*; graças ao senhor pude compreender com clareza as falhas dos trechos os quais pensava "estarem escritos inabilmente, mas cujo problema não podia identificar com meus próprios olhos", e só então reconheci os sinais concretos de como reescrever meus manuscritos. Ao reler o segundo capítulo de *Os ladrões* quando voltei para casa, não pude aguentar sobretudo a rudeza e a ingenuidade da segunda metade, com falhas que certamente não são inferiores às do primeiro capítulo, tanto que, depois de terminar, terei de reescrevê-la por completo.

Ademais, foi para mim uma felicidade extrema receber tantos ensinamentos seus sobre Yoshihisa, bem como poder tomar emprestado livros de sua biblioteca. Lendo o catálogo que o senhor me concedeu, pensei que gostaria de incluir no prefácio de *Idade Média* mais detalhes sobre os eventos antes e depois da morte de Yoshihisa, essa figura que constituía uma esperança singular para seu tempo, e por isso ficaria exultante caso o senhor me pudesse emprestar também os *Registros da morte do xogum Yoshihisa*.[29]

Bem, aproveitando-me de seu convite, voltarei a incomodá-lo no domingo do dia 26.

Espero que sua saúde continue excelente apesar deste clima tão atípico. Estenda minhas lembranças também à sua esposa.

Abreviadamente,

KIMITAKE HIRAOKA

---

29. Registros da autoria de certo Munetaka, autor contemporâneo a Yoshihisa e de biografia desconhecida. Embora dados detalhados não estejam disponíveis, a obra consta na coletânea de livros antigos japoneses *Coletânea de bibliotecas*, compilada por Hokiichi Hanawa (1746-1821), famoso estudioso cego de história japonesa.

De Kimitake Hiraoka (A/c do sr. Azusa Hiraoka)
Tóquio, Shibuya-ku, Oyama-cho nº 15
Ao sr. Yasunari Kawabata
Kamakura-shi, Nikaido nº 325

5 de junho de 1946

Olá, quero agradecer-lhe pelo belo livro[30] que o senhor me emprestou no outro dia. Dessa antologia, como ainda não havia lido "Coração de moça", "Conto infantil", "Pepita de ouro" e "Três primeiros dias do ano", comecei por ler esses quatro de um só fôlego. A impressão que me deixaram os quatro contos esplendorosos e de sabores tão distintos entre si foi como uma sensação curiosa de divertimento, solidão, medo e conforto, como se houvesse entrado em um sonho. A sensação leve e por outro lado curiosamente graciosa de "Coração de moça"; o som solitário dos sinos e a vista de depois da tempestade na página 117 de "Conto infantil"; o reluzir evanescente e efêmero do ouro, antípoda às cintilantes histórias fantásticas da Idade Média ocidental, no sonho dourado que é "Pepita de ouro"; a sensação surpreendente de vazio ao ler "Três primeiros dias do ano", uma comédia que faz lembrar as farsas dos anos derradeiros de Shakespeare; cada uma das obras me prendeu com uma força difícil de escapar.

Dentre tudo, em especial a página 117 de "Conto infantil" contém para mim um texto magistral, e, embora pareça

---

30. Antologia de contos *Uma jovem à luz do crepúsculo*, publicada em abril de 1946 pela editora Tancho Shobo.

estúpido de minha parte, soltei um suspiro ao reler repetidas vezes esse trecho apenas. O cenário límpido no instante depois de cessar a chuva, como se o tempo houvesse de súbito estagnado, o ciciar de todos os caniços que vêm em seguida, e um modo de incrustar as palavras "como um desejo sexual" do qual até hoje não vi exemplo tão impressionante.

Também observei com sentimento curioso a forma como um tema como aquele de "Coração de moça" foi abordado com a ligeireza de um regato puro e fresco, sem acompanhar nem um pouco sequer de vulgaridade. Se despertou em mim um sentimento bastante parecido com o da *Lírica*, creio que foi devido ao milagre emocional suscitado por a obra ocorrer de modo vivaz, franco e evidente, tal qual um evento sobrenatural que se passa dentro de um sonho, e também por se tratar de uma literatura escrita com uma *fé* tal qual a de Kyoka, conquanto a moça protagonista ingenuamente se afogue dentro dessa fé, imersa em uma sensação de arrebatamento que não lhe permite vir a si com facilidade por mais que o autor lhe grite, ponto este que me fez sentir estar garantida a perfeição do texto enquanto obra artística. Como é doloroso, como é sofrido, e por vezes como é irascível o esforço de um escritor para contar sobre tal fé ao leitor. Devem ter sido muitos os autores que, com esse objetivo, acabaram gastando a voz e abandonando suas *obras*. Ver tal esforço ser sublimado de maneira tão bela, tomando a forma de obras polpudas como *Lírica* e "Coração de moça", em que não se vê as impressões digitais do autor — não pode haver nada melhor para a felicidade de quem as escreve. E, ao mesmo tempo que se completa tal *cena*, quão solitária será a *vida* do escritor que passará a eternidade sem ser convidado à mesma cena? Muitos dos escritores que evitam covardemente a solidão desse isolamento continuam sempre desejando ser convidados à *cena* da obra, sem abandonar a tentativa patética de conquistar um canto para si mesmo, ainda que seja em uma cadeira pequenina. Pensei temeroso se eu também não seria um dos prisioneiros de tal ilusão. (Por algum motivo, "Coração de moça" me fez lembrar *As afinidades eletivas* de Goethe, sendo ambas as histórias sobre o milagre do amor.)

No dia seguinte após tê-lo encontrado da última vez, a livraria Katsushika veio informar-me que, por motivos de falência da empresa, não poderiam mais publicar meus *Registros do falso Don Juan* e, assim, apressei-me em pedir ao dono do negócio que fosse à livraria Akasaka. E hoje veio o dono da Katsushika avisar-me que já obteve o consentimento da Akasaka. Acontece, pois, que a história sairá por esta última editora, e imagino que o progresso agora será rápido. Por quatro meses a Katsushika ficou apenas embromando e acabei desperdiçando meu tempo.

Tomarei a liberdade de manter emprestada por um pouco mais de tempo sua *Coletânea de bibliotecas*.
Desejo-lhe excelente saúde em meio a este clima atípico, e termino aqui minhas saudações e notícias.
Abreviadamente,

YUKIO MISHIMA

De Kimitake Hiraoka
Tóquio, Shibuya-ku, Oyama-cho nº 15
Ao sr. Yasunari Kawabata
Kamakura-shi, Nikaido nº 325

15 de junho de 1946

Apesar do início do calor, espero que o senhor continue como de costume. Eu mesmo estou faceiro, por estar de folga desde hoje e, assim, podendo trabalhar descansado.

Graças aos vários materiais que o senhor me emprestou e ao seu incentivo, pude terminar de reescrever *Idade Média* do início ao fim. Embora a parte sobre a morte de Yoshihisa tenha de certa maneira ficado a meu gosto, o trecho sobre o incidente chinês não me agradou mesmo depois da revisão; tentarei burilá-lo quando tiver a oportunidade, mantendo-o à mão por um mês, e penso em depois mostrá-lo ao senhor. O senhor passará todo este verão em sua casa em Kamakura?

Sendo o tema aquilo que é, pude traçar a personagem de Yoshihisa apenas conceitualmente, não tendo como evitar que o foco caísse sobre a lamentação do *kodoneri*[31] Kikuami e, do material emprestado, tomei proveito das informações sobre: a oferenda de cavalos a vários santuários; a intensidade da trovoada desde a noite anterior à morte de Yoshihisa; o incêndio suspeito antes da saída dos restos mortais; a parada do palanquim junto ao lago em Awadzu; parei nos eventos fora

---

31. Encarregado de tarefas menores no Conselho de Segurança do xogunato.

do templo. O primeiro capítulo passou de dez a vinte páginas, e o capítulo sobre o chinês reduziu de dezessete para sete. Decidi manter assim porque a coisa inteira não deve passar de oitenta páginas, e imaginei que o primeiro capítulo poderia parecer um tanto extenso se o cevasse ainda mais, com a cabeça maior que o corpo. Reescrevi o segundo capítulo de *Os ladrões* e agora retornei ao quarto, mas estou empacado e não consigo prosseguir. Durante este ano vou fazer do texto como a torre de pedras às margens do rio Sai[32] e continuar desmontando e remontando, remontando e desmontando.

Tenho a sensação de que, sempre que encontro o senhor, não me vem à boca o que pretendia dizer, acabando por só dizer coisas impensadas, o que me causa insuportável arrependimento. Dessa última vez eu havia pretendido falar sobre o *Cântico do advento* do monge Enshin[33], e também pedir sua opinião.

Inclinando a cabeça e unindo as mãos
Enfim poderei buscar feliz a Terra Pura
Aguço os ouvidos e no céu do mundo a oeste[34]
Ouço tênues músicas e pantomimas
Aguço os olhos e no contorno das montanhas verdes
Vejo como, ó, fulguram distantes as nuvens luzentes.

---

32. No budismo, local para onde vão as crianças que morrem antes dos pais, onde têm de empilhar pedras para honrar os pais desde o além-túmulo. Enquanto as crianças empilham pedras, um demônio destrói a pilha, tornando o esforço permanente e em vão.
33. Como era conhecido Genshin (942-1017), um dos mais influentes monges budistas de sua época no Japão. O cântico referido, de autoria atribuída a ele, trata da vinda de Buda e da importância da invocação de seu nome.
34. Acreditava-se que a Terra Pura, espécie de paraíso da seita budista de mesmo nome, situava-se na direção do poente.

Essa visão de um fenecimento assim álacre me parece invejável, venerável e bela. Diante de nossos olhos se aproxima um verão radiante como nunca houve, arrastando consigo epidemias, fome e decadência. É antes em um verão assim que imagino que também nos céus de Tóquio poderá surgir uma visão da Terra Pura extasiante como a que Genshin testemunhou. Ao comparar com o período da guerra, as expressões no rosto das pessoas de Tóquio se tornaram mais belas. Aparentam haver se tornado límpidas, com a sombra do declínio tornando-se desbotada. Imagino que o destino de todos vai como que sendo empurrado para o passado distante, antes que para os tempos modernos.

A frase que recentemente insiste em vir sempre ao meu pensamento é uma que o senhor escreveu na *Humano* em memória de Takeda:

"Antes de lamentarmos e nos espantarmos com a morte dessa pessoa, devíamos haver lamentado e nos espantado com sua vida."

Bem, espero que o senhor mantenha a saúde perante o calor que vem aumentando.

Abreviadamente,

KIMITAKE HIRAOKA

(Cartão-postal)
De Kimitake Hiraoka
Tóquio, Shibuya-ku, Oyama-cho nº 15
Ao sr. Yasunari Kawabata
Kamakura-shi, Nikaido nº 325

6 de julho de 1946

Desculpe o incômodo do outro dia.

Li "A estudante" na antologia[35] com a qual o senhor me agraciou e, talvez porque tenha me espantado a ponto de perder a fala, senti na pele como é trivial o meu *Os ladrões*; por mais que tente pensar diferente, tive a sensação de que seria um pecado deixar existir uma obra tola como essa, de modo que meti o rascunho inacabado para o fundo dos fundos do armário, de onde não poderei sacá-lo tão facilmente. Com isso ele já não sairá mais. Enfim me sinto aliviado. Da próxima vez vou pedir que o senhor me devolva o primeiro capítulo para também trancafiá-lo.

Peço sinceras desculpas por haver molestado o senhor com essa obra.

Foi uma febre que carreguei por meio ano.

Depois de se encerrarem os exames, gostaria de escrever uma obra franca, de convalescença.

Seguindo suas instruções, entreguei ao repórter da revista *Multidão* minha "Uma história no cabo".

Termino aqui minhas saudações e notícias.

[NÃO ASSINADO]

---

35. Antologia de contos *Chapim-carvoeiro*, publicada em abril de 1946.

De Kimitake Hiraoka (A/c do sr. Azusa Hiraoka)
Tóquio, Shibuya-ku, Oyama-cho nº 15
Ao sr. Yasunari Kawabata
Kamakura-shi, Nikaido nº 325
[Aberta pelo exército de ocupação com o selo "inspeção concluída"]

10 de agosto de 1946

Espero que o senhor continue bem apesar da severidade deste calor infernal.

No outro dia me encontrei com Yoshiyasu Tokugawa na associação Seiko e fomos juntos até seu escritório, mas o senhor não se encontrava. Tokugawa também deseja muito vê-lo, e ficaria deveras feliz se um dia o senhor pudesse recebê-lo.

Cada vez menos ponho as mãos nos estudos, e não sei se terei tempo suficiente para o exame de setembro. Inclusive hoje, por algum motivo não me aprazia ter de começar a estudar, e de repente me deu vontade de lhe escrever uma carta. Por outro lado, ontem eu começara a ler sua antologia e quando me dei conta subitamente já haviam se passado várias horas, mas eu não conseguia parar, tal como nos versos de Shotetsu[36]: "Ao despertar do sono/ se me lembro de uma poesia de Teika[37]/ quedo-me como que em vigília/ com o coração alucinado."

Sinto a vontade constante de ir ver o mar, mas não deixo meu coração fazer o que quer. Penso que no outono gostaria de

---

36. Shotetsu (1381-1459), considerado o último poeta da tradição cortesã de composição de poesia *waka*.
37. Fujiwara no Teika (1162-1241), considerado um dos maiores poetas japoneses.

ir a Inubo, mas ao imaginar o procedimento necessário para ir sozinho a uma terra onde nunca estive, acabo me sentindo desorientado.

Quanto a "O Príncipe Karu e a Princesa Sotoori", cada um dos registros diferem entre si: no *Registro de coisas antigas*, os dois aparecem como irmãos filhos do mesmo ventre, com uma história bonita e singela até o ponto em que ambos morrem em Iyo, enquadrando-se o relato perfeitamente no clássico tema do incesto; contudo, já nas *Crônicas do Japão*, a princesa é a irmã mais nova da esposa do imperador Ingyo, sendo portanto a tia do príncipe Karu, além de concubina do imperador, o que torna a história mais moderna, ao lhe conceder o tema colossal de ciúmes por parte da imperatriz, e o enredo de Karu mantendo relações com a amante do próprio pai, ampliando também a dimensão da história, embora se perca a importante passagem sobre a revolta do príncipe Karu; por outro lado, ao se fazer da princesa a irmã mais nova do príncipe, a relação romântica entre o imperador e ela se torna ambígua, de modo que estou confuso quanto ao registro em que me devo fiar. Em suma, ambos os registros apresentam atrativos.

Apesar de almejar escrever com calma uma vez que haja terminado o exame, o lugar onde estou agora é alugado, e o proprietário já me deu ordens para sair; portanto, fico sem saber o que será do estreito porém familiar espaço que encerra minha escrivaninha quando o outono chegar — mediante a situação econômica problemática que vejo pela frente, e devido à minha pouca capacidade, creio que tentar me sustentar apenas da literatura tornaria meus textos ainda mais pobres; então, embora não seja de meu agrado, pretendo me motivar a estudar para poder garantir um meio de sustento que me permita continuar escrevendo, ainda que, por outro lado, os estudos de direito se tornem cada dia mais maçantes, e não posso sequer imaginar como poderia encarar o concurso público de nível superior no próximo ano (mesmo que da boca para fora eu siga dizendo que está tudo bem), o que não muda o fato de que, se nestas condições eu começar a me dedicar somente à literatura, imagino que isso faria sofrer minha mãe, já debilitada — trata-se de problemas mundanos e extrínsecos, os quais acabei despejando no ouvido alheio em vez de remoê-los em silêncio. Escrevi um monte de disparates. Por favor, ignore tudo que o senhor leu acima.

Pelo que ouvi de um amigo, os parentes próximos da família imperial (ainda seus súditos) devem oferecer, cada um, uma taxa de despesas de duzentos a trezentos ienes por mês, ou seja, falando honestamente, é como se a família imperial estivesse sendo sustentada pelos parentes; e, ao ouvir de meus amigos ainda outras histórias sobre famílias que caminham rumo à ruína, todas sem exceção seguem os passos do jardim das cerejeiras[38], e não há como saber onde estarão caso os encontremos novamente em trinta, quarenta anos. Em minha casa a ruína veio prematuramente devido a erros de meu avô, então imagino que trilharemos o mesmo caminho mais cedo ou mais tarde. Dentre os membros da nobreza da família de um veterano meu, há aqueles que como tolos se apegam somente a L'Isle-Adam, citando pateticamente suas palavras a torto e a direito.

Esta acabou se tornando uma carta demasiadamente estúpida, que não condiz comigo. Não me tenha em má conta, por favor.

---

38. Referência à peça de teatro de Tchékhov, *O jardim das cerejeiras*, que trata da decadência da aristocracia russa na transição do século XIX para o XX.

Espero que o senhor continue em excelente saúde apesar do calor que persiste.

Abreviadamente,

Yukio Mishima

P.S.: Aproveitando sua sugestão, pedi a Kimura que retornasse o primeiro capítulo de *Idade Média* ao manuscrito inicial.

Encerro aqui esta correspondência que serviu apenas para tomar seu precioso tempo de trabalho.

Perdoe-me, por favor. Vou botá-la na caixa dos correios sem pensar duas vezes.

(Cartão-postal)
De Yukio Mishima (A/c do sr. Azusa Hiraoka)
Tóquio, Shibuya-ku, Oyama-cho nº 15
Ao sr. Yasunari Kawabata
Kamakura-shi, Nikaido nº 325

13 de setembro de 1946

Perdoe-me o longo silêncio. Finalmente terminei os exames no último dia 11. Como passei dois meses ocioso, o gosto que agora me resta na boca é desagradável. Quando estou estudando, sinto como se eu fosse um minúsculo camundongo. Fisiologicamente, estudar é péssimo. No dia 11 passei pelos sebos de Kanda como um passarinho que escapou da gaiola, e encontrei uma cópia de *O céu e o inferno* [*De Caelo et Eius Mirabilibus et de inferno, ex Auditis et Visis*], de Swedenborg, a qual buscava há seis anos, e fiquei extasiado.

Sei que estava decidido há tempos que eu o incomodaria neste domingo, dia 15, mas não é que os trabalhadores ferroviários entraram em greve geral? Assim sendo, como se tardará para que possamos nos voltar a ver, resolvi escrever este cartão-postal.

Cuide sempre da saúde.
Abreviadamente,

YUKIO MISHIMA

De Yukio Mishima (A/c do sr. Azusa Hiraoka)
Tóquio, Shibuya-ku, Oyama-cho nº 15
Ao sr. Yasunari Kawabata
Kamakura-shi, Hase nº 246 [sic][39]

17 de julho de 1947

    Perdoe-me o longo tempo sem contatá-lo. Escrevo esperando que o senhor continue em plena saúde apesar do calor infernal. O senhor continua vindo duas vezes por semana a Tóquio?
    O concurso público de nível superior enfim será em três dias, marcando um término também para o meu modo de estudar preguiçoso, ainda que, mesmo durante os estudos, eu tenha lido muitos romances — inclusive uma noite destas, não aguentando mais estudar lei administrativa, acabei indo até altas horas da noite lendo todas as partes de *Demônio dourado*[40], e fiquei surpreso ao ver como é interessante a obra.
    Concomitante aos estudos, fiz concurso para o Banco Nihon Kangyo e fui reprovado.
    Meu irmão veio até meu quarto e disse: "Nosso pai tem repetido como dá pena sua situação, que você anda tão decepcionado e sem esperança." Respondi: "Ué, e eu nem me desencorajo tão facilmente; sou o tipo de pessoa que esquece qualquer coisa depois de uma sesta… Mas é melhor que nosso pai pense que

---

39. O número correto era 264.
40. Obra de Koyo Ozaki em seis partes. Possivelmente mais partes estariam planejadas, mas o autor faleceu antes da conclusão. Acredita-se que a história é baseada na obra *Weaker than a Woman* [Mais fraco que uma mulher], de Charlotte Mary Brame.

estou decepcionado e desesperado, viu?" Apesar de dizer coisas assim, que não demonstram a menor piedade filial, ainda gozo de alguma boa vontade de meu pai. Ao descer para o jantar, encontrei de visita dois antigos subordinados dele, da época em que ele trabalhava no governo. Antes que eu pudesse dizer qualquer coisa, meu pai já deixou salvaguardado: "Este aqui é um idiota. Durante o concurso disse que só queria trabalhar se fosse em uma filial de Tóquio, e por isso foi reprovado no banco; apesar de que, uma vez que fosse admitido, poderia dar conta de qualquer trabalho que viesse pela frente."

É óbvio que se trata de uma mentira. Não me lembro de alguma vez ter dito tal coisa. Acabei reprovado apenas porque minhas notas foram ruins. Se meu pai diz coisas desse tipo, não é para me confortar, mas por saber da minha tendência em querer parecer pior do que sou, e que para mim é um passatempo especial autodepreciar-me frente aos outros; é por isso que faz tais salvaguardas. Meu pai é um adorável mantenedor de aparências.

Quando fui para o aposento ao lado, a conversa entre eles continuou. Ouvi meu pai dizer alto: "Pensando bem, mesmo nestes tempos é bom se tornar um funcionário público, não é? De agora em diante também os funcionários públicos se tornarão líderes." Tais palavras de vanglória são a prova de que meu pai ainda sonha. Sonha que, se eu ao menos for aprovado no concurso, vou me tornar um funcionário público como ele deseja.

Os antigos subalternos de meu pai sentiram vontade de opinar:

"Mas, antigamente, quando a gente trabalhava no Ministério da Agricultura, aqueles que haviam entrado via concurso de nível superior foram cada vez mais nos deixando para trás, criando e forçando seus próprios projetos sobre os outros, sempre achando que só eles estavam certos. Talvez ele até venha a achar prazer nisso, mas, vendo com objetividade, uma pessoa assim deve ser bem infeliz."

"Que nada, não há como ser infeliz, é, sim, prazeroso! E, se for prazeroso, ele será feliz, podendo fazer tudo da maneira que bem entender, com os outros apenas consentindo. Não é um deleite?"

Como meu pai também era parte da *intelligentsia*, ele entende bem o que seus subordinados querem dizer com "infelicidade". Há múltiplos motivos para ele fazer de propósito e por teima uma asserção irracional como aquela. Em primeiro lugar é por si próprio, e, em segundo, por mim, seu filho. Só que eu não sou tão ingênuo quanto pensa meu pai, tampouco sou, por outro lado, tão realista quanto ele supõe, e por isso seus gestos acabam mostrando-se estrambóticos.

Quis relatar um evento como o mencionado acima porque imaginei ser um tanto interessante. Passei a sentir um grande afeto por meus pais, os quais, nos últimos tempos, conforme envelhecem passam a tornar-se mais sociáveis a cada dia. Embora me incomodasse ser amado por eles, agora, devido à idade, já estou eu também começando a me sentir capaz de amá-los. Quanto às questões atuais de busca de emprego e do concurso público, por exemplo, eu me dei ao trabalho de fazer várias justificativas a meus amigos para manter a boa imagem, chegando a anunciar-lhes afetadamente que pretendo seguir os passos de Goethe ou de Constant. Todavia, pensando bem, parece haver misturado nisso um admirável sentimento de piedade filial para com meu pai, que se tornou mais afável com a idade. Essa descoberta, já agora, não me faz sentir vexado.

Se de fato penso assim, tudo o que tenho a fazer é estudar com todas as minhas forças. Não é adequado este meu modo devasso de estudar, que deixa claro que serei reprovado mesmo antes de prestar o exame — apesar de pensar tais coisas, quero tanto escrever literatura, ler literatura, que meu coração não descansa, sempre irrequieto. O que mais me faz levantar a guarda é quando me faço a pergunta: "A sensação que me impede de estudar descansado será de fato pura obra de algum demônio? Posso afirmar isso com convicção?" Em outras palavras, fiz-me a assustadora pergunta: "Por acaso eu não teria perdido a capacidade de estudar, ao menos um pouco, por haver me tornado mimado, ufanado-me por trabalhos de literatura que são como lágrimas de formigas, bem como pelo belo e desmerecido título de *escritor da nova geração* (embora ainda esteja muito longe de poder ambicionar o mesmo em nível mundial) que recebi por tais trabalhos?" Não!, rejeito eu. Decerto há também a influência de um demônio. Decerto há. Mas em que porcentagem? E se eu realmente tivesse em mim um demônio, o que me impediria de abandonar a escola e o lar e lançar-me por inteiro a uma vida de literatura de acordo com meu alvedrio?

Não há dúvida de que estou um pouco ensoberbecido. É assustador, envaidecer-me dos feitos conquistados graças aos conselhos de meu amigo e mestre como se fossem fruto de minha própria habilidade — não há nada que me deixe tão desencorajado quanto sentir que tenho soberba (e não *autoconfiança*). Isso eu não posso curar mesmo tirando uma sesta.

Perdoe-me por sempre encher minhas cartas de tolices desinteressantes quando lhe escrevo.

Por favor, desconsidere o que leu. Após terminar o exame, gostaria de visitá-lo tão logo quanto possível.

Cuide da saúde em meio a este calor.

YUKIO MISHIMA

De Yukio Mishima (A/c do sr. Azusa Hiraoka)
Tóquio, Shibuya-ku, Oyama-cho nº 15
Ao sr. Yasunari Kawabata
Kamakura-shi, Hase nº 246 [sic]

8 de outubro de 1947

Por aqui os últimos dois ou três dias foram de provocar quase calafrios; espero que o senhor continue como sempre. Peço desculpas por tê-lo incomodado no outro dia, apesar de o senhor estar tão ocupado.

Desde aquela vez em que recebi sua sugestão — "Que tal se escrevesse algo com duzentas páginas ou mais?" —, o esboço de um romance mais longo no qual vinha pensando fugazmente começou a agitar-se em minha mente. Hoje mesmo vou à casa de um amigo para lhe fazer algumas perguntas sobre hipismo (posto que o protagonista do romance saberá montar a cavalo); sinto-me feliz porque, às vezes, devido à diferença que existe entre a história que tento engendrar a partir da imaginação e as informações que de fato apuro, consigo antes colher ideias novas. Por estes tempos ouvi de um amigo uma história sobre um convento de monjas e tomei nota; certo conde libertino, enquanto fazia o que bem entendia em Tóquio, deixara em sua mansão em Kyoto a filha caçula completamente sozinha durante sua ausência, vivendo empavonada como se fosse uma rainha, posto que as outras duas filhas já houvessem saído de casa para viver com seus respectivos maridos, e que a mãe falecera precocemente. As moças já de costume amadurecem mais cedo, mas essa, graças ao modo como os criados atendiam a todos os seus caprichos, passou a perpetrar atos dissolutos que pouco a pouco caíram na boca da fidalguia de Kyoto, uma trajetória que me remete um pouco ao adorável conto de Proust, "Alta sociedade".[41] Mesmo depois que seu pai a enviou para um convento por suspeitar que "sua vida cotidiana não iria sossegar", ou, melhor dizendo, por querer se livrar do problema que era a filha, acabou resultando que, quando a monja superior estava de viagem, ela botava roupas coloridas[42], em tons azuis, vermelho-cinabre ou verde-salgueiro, e um capuz na cabeça, e saía com frequência do convento de Domyo-ji no lado de cá do rio para ir a Osaka até a casa de seu namorado, um estudante da segunda etapa do primário. Embora fosse um segredo já de conhecimento geral que ela convidava para seu quarto um homem atrás do outro, e que depois da guerra manteve um relacionamento com um jovem militar desmobilizado que havia retornado ao Japão, a monja superior era a única que de fato não sabia de nada, e os criados da moça nada diziam; ainda, dentre as monjas que trabalhavam no local, uma se entregara à religião por decepção amorosa, outra enganava a todos dizendo que tivera apendicite quando na verdade havia engravidado, desfazendo-se da criança antes de ali ingressar — ou seja, cada qual parecia possuir sua peculiaridade, o que me deixou espantado com o tipo de lugar terrível que pode ser um convento.

    Ontem em uma livraria li outro prefácio escrito por Kan Kikuchi, um texto comovente, e comprei o livro o qual ele

---

41. Tradução a partir do título japonês, *Shakokai*, referindo-se a "Violante ou a alta sociedade", conto publicado no livro *Os prazeres e os dias*.
42. Ignorando as regras do convento.

encabeçava, *Sobre o solo*, de Seijiro Shimada, lendo-o depois de regressar. O prefácio secular de Kikuchi não é algo que provém de sua autoconfiança secular, revelando-se na verdade um texto secular advindo de sua autoconfiança literária, cuja força me comoveu e me levou à aquisição; contudo, o romance de Shimada foi o exato oposto do prefácio. Parece que Shimada se opôs com teimosia à assertiva de Kikuchi, que postulou que "não se deve escrever romances antes dos vinte e cinco anos de idade", mas creio que para Shimada era impossível entender o sentido de tais palavras. Ao compará-lo com o grande número de jovens que, mesmo tendo consciência de que não há como escrever um romance de verdade antes dos vinte e cinco, ou, melhor ainda, dos trinta, ainda assim escrevem por não poderem ficar sem escrever, posso ouvir em Shimada o canto de um destino excruciante, ainda que ele não pudesse imaginar o que seria essa literatura de depois dos vinte e cinco. Ao contrário de Shimada, compreendo muito bem a tese de Kikuchi, e isso me faz sentir solitário.

De todo modo, o protagonista de *Sobre o solo*, Heiichiro Taiga, antes de ser modelado como um estudante que trabalha para ganhar a vida, ou como um amigo da justiça, tem o mesmo molde dos protagonistas daqueles abundantes romances de jovens que lemos com tanta devoção. Aqui encontramos a aventura da vida humana, os punhos cerrados a defender donzelas, o senso de justiça que não é admitido pela sociedade, e aqui vive o ideal de jovem sobre o qual devaneamos em nossos próprios tempos juvenis. Contudo, creio que uma personagem como essa tenha sido introduzida cedo demais no romance. Tenho a impressão de que não se deve meter dentro do quadro que é um romance um espírito sedento por aventuras que não conhece sequer o peso da juventude. Do mesmo modo como

O grande Meaulnes [*Le Grand Meaulnes*], de Alain-Fournier, o qual se vai escapando da história.

Li a terceira parte de *O pôr do sol*, de Osamu Dazai, com grande comoção. Aproxima-se de uma poesia épica de extinção, e a expectativa é que atinja o nível de grande obra artística. Mas todos se detêm ainda na mera previsão. Todavia, agarra-se a mim uma insegurança singular e curiosa de que Dazai poderia vir a ruir no passo imediatamente anterior a completar a obra. Será que a literatura de Dazai nunca chegará à perfeição? Mas uma poesia épica precisa da perfeição a qualquer custo. Foram impressões sem sentido como essas que *O pôr do sol* suscitou em mim.

Gostaria de visitá-lo outra vez em breve, e deixo-lhe meus votos de boa saúde.

YUKIO MISHIMA

De Yasunari Kawabata
Kamakura-shi, Hase nº 264
Ao sr. Yukio Mishima (A/c do sr. Azusa Hiraoka)
Tóquio, Shibuya-ku, Oyama-cho nº 15
[Aberta pelo exército de ocupação com o selo "inspeção concluída"]

30 de outubro de 1948

Minhas cordiais saudações. Fico constrangido por suas gentis palavras no tocante ao prefácio de Os ladrões. Sendo uma obra difícil, não pude evitar escrever algo tosco. Pareceu-me uma obra experimental em muitos sentidos. Li o comentário do livro da Toppan.[43] Espantou-me e marcou-me bastante. O fato de você observar uma variedade de coisas que eu, o próprio autor, não percebi, foi-me deveras gratificante. Também vi quase todas as obras dos seus tempos de adolescente. Quando passar na Kamakura Bunko as levarei comigo, então faça o favor de pegá-las com Kimura. Atualmente estou soterrado pela montanha de textos que preciso produzir para o final e o início do ano. Por ora é isso, escrevo apenas para saudá-lo.

Abreviadamente,

YASUNARI KAWABATA

---

43. Refere-se à antologia de contos *Dados noturnos*, publicada pela editora Toppan em janeiro de 1949.

De Yukio Mishima (A/c do sr. Azusa Hiraoka)
Tóquio, Shibuya-ku, Oyama-cho nº 15
Ao sr. Yasunari Kawabata
Kamakura-shi, Hase nº 264
[Aberta pelo exército de ocupação com o selo "inspeção concluída"]

2 de novembro de 1948

Li sua carta com gratidão. Fico profundamente agradecido por o senhor haver escrito o prefácio para *Os ladrões*, apesar de estar tão atarefado. Ao receber um prefácio de um esplendor além do que mereço, li-o sem demora dentro da editora e deveras me alegrei; mostrei--o para Kimura, em seguida fui até a gráfica Shinkosha para mostrar também ao diretor de lá e, depois de tomarem uma cópia, eu o trouxe para casa para mostrar inclusive a meus pais e a meu irmão; no fim das contas, reli o texto umas dez vezes — o tamanho de sua benevolência infiltrou-se fundo em meu coração. Pensando que não posso frustrar suas expectativas, desde então comecei de súbito a adiantar trabalhos que estavam estagnados. Agradeço-lhe sinceramente.

Embora eu tivesse a obrigação de lhe agradecer em pessoa quando estive em sua residência, como foi inesperado receber um prefácio tão além de minhas capacidades, fiquei constrangido em fazê-lo diretamente, e, posto que o senhor estivesse dormindo, acabei cometendo a descortesia de logo vir-me embora.

Ainda, apesar de ter sido petulante de minha parte haver aceitado o pedido que recebera da Toppan para escrever o comentário de sua antologia de contos, sinto-me acanhado por agora receber as palavras gentis de sua carta.

Desde há muito tenho o mau hábito de não fazer leituras de forma sistematizada, seja de autores estrangeiros ou de autores japoneses, escolhendo para ler apenas "o que gosto" e "o que me parece belo" e, assim, só pude adquirir um conhecimento vago sobre datas e ordem de composição inclusive de suas obras; assim, mesmo sabendo que *comentários* necessitam ultrapassar o território da livre fruição por parte de um leitor, acabei escrevendo um texto subjetivo como aquele, pelo que peço seu perdão.

Conquanto já seja tarde para tanto, rogo que me desculpe.

Tudo o que fiz foi expressar o mais que pude, de forma livre e egocêntrica, o sentimento de respeito que alguém que faz parte da atual geração de jovens leitores como eu sente por seu trabalho, e com isso me senti satisfeito, a ponto de me submergir ainda mais em gratidão por suas palavras que demonstram compreender meu estado de espírito.

Nos últimos tempos venho me tornando indolente, portando-me sempre de modo a ficar azafamado logo antes dos prazos finais de trabalho, o que me deixa envergonhado, e por isso com a nova obra que devo começar para a editora Kawade Shobo a partir do fim de novembro quero poder enfim trabalhar sossegado. Tenho a intenção de escrever meu primeiro romance autobiográfico, *Confissões de uma máscara*, e com a resolução dual de ser "carrasco de mim mesmo", como Baudelaire, gostaria de realizar uma autópsia própria e estrangular o deus da beleza no qual eu acreditava crer, e no qual também pareciam crer os meus leitores, experimentando para descobrir se esse deus da beleza poderá ao final de tudo ressuscitar. Embora eu vá me lançar ao trabalho devidamente preparado para o fato de que haverá leitores que nunca mais desejarão ler um romance meu depois deste, visto que será uma análise bastante egocêntrica, caso haja ao menos uma pessoa que chame a obra de "bela", imagino que essa pessoa será a maior entendedora de Mishima. Se bem que, em meio ao mundo literário restrito do Japão do pós-guerra, possa ocorrer também de não ser compreendido por ninguém...

Como vai a saúde de sua esposa? Pergunto porque ela estava acamada da última vez.

Bem, frente ao frio que se aproxima, espero que o senhor também não deixe de cuidar da saúde.

Yukio Mishima

De Yukio Mishima (A/c da família Hiraoka)
Tóquio, Shibuya-ku, Oyama-cho nº 15
Ao sr. Yasunari Kawabata
Kamakura-shi, Hase nº 246 [sic]

31 de janeiro de 1950

Perdão pelo longo tempo sem lhe dar notícias. Evitando delongas, está confirmado que minha peça *O farol* estreará sob minha direção, o que me deixou atarefado muito além do usual, e acabou fazendo com que, por algum tempo, eu me transformasse em um autêntico trabalhador de teatro. Como a abertura será enfim no dia 2, não é infelizmente sem atraso que lhe envio ingressos para a estreia. Será estrelada por Teruko Kishi. Caso o senhor tenha tempo, eu ficaria bastante feliz se pudesse assistir à peça, mesmo que seja apenas para uma passada rápida enquanto estiver em Tóquio. Até o dia 7 o teatro abrirá todas as noites às 17h30, com a minha peça começando por volta das 18h. Fiquei chocado com a energia colossal necessária para o trabalho de diretor, o qual não tenho a intenção de repetir. Se bem que é a primeira vez na vida que fiz algo tão divertido, o que também me causa apreensão por poder se revelar uma espécie de ópio.

Abreviadamente,

Yukio Mishima

De Yasunari Kawabata
Kamakura-shi, Hase nº 264
Ao sr. Yukio Mishima (A/c do sr. Hiraoka)
Tóquio, Shibuya-ku, Oyama-cho nº 15

15 de março de 1950

Peço desculpas por ter estado ausente ontem, mas havia ido à reunião de encerramento da Kamakura Bunko. Foi mesmo uma pena; queria tê-lo visto, depois de tanto tempo.

Hoje participei de reunião do comitê executivo do PEN Club. Amanhã tenho a questão dos impostos da Associação dos Escritores do Japão, e por isso sairei para falar também com Funahashi.

Recebemos um convite oficial para o Prêmio PEN Club deste ano, que será realizado em Edimburgo por uma semana durante o mês de agosto. Este ano, se conseguirmos permissão para viajar, poderemos trocar ienes por dólares, e assim se torna mais concreta a possibilidade de formar uma delegação. Partindo da categoria dramaturgia, no comitê executivo de hoje decidimos recomendar Kihachi Kitamura e Tomoji Abe. No entanto, será preciso alguma negociação antes de saber se eles poderão ir. Você também não gostaria de participar? Imagino que seria dificultoso recomendá-lo como um dos representantes do PEN Club, mas que tal se fosse como acompanhante? Dizem que se pode fazer a viagem inteira por cerca de um milhão de ienes.[44] Um montante desses você consegue,

---

44. Valor equivalente a cerca de trinta mil reais em 2018.

não? Bem, oportunidades haverá muitas, mas imagino que lhe seria bom ir à Europa o mais cedo possível.

O prêmio do ano que vem parece que será realizado na Argentina.

A partir de 15 de abril vou a Hiroshima e Nagasaki com o PEN Club. Perguntaram-me se eu não gostaria de convidá-lo. A previsão é de que vão umas dez pessoas. Mas poucos devem ir até Nagasaki. Já eu vou passear com calma por Kyushu antes de retornar. Que tal se você fosse ao menos a Nagasaki?

Yasunari Kawabata

De Yukio Mishima (A/c da família Hiraoka)
Tóquio, Shibuya-ku, Oyama-cho nº 15
Ao sr. Yasunari Kawabata
Kamakura-shi, Hase nº 264

18 de março de 1950

Perdão por incomodar sua família visitando-o quando o senhor estava ausente. Agradeço pela carta cordial que recebi hoje. Ao ler o trecho em que o senhor perguntava se eu gostaria de ir a Edimburgo soltei vivas de alegria, mas, avançando um pouco na leitura, percebi que seria necessário um milhão de ienes e me desiludi. Com meus recursos, para mim a única solução seria tentar comprar um bilhete de loteria... Ou será que eu poderia pedir o dinheiro a alguém?

Obrigado por me convidar também para Hiroshima e Nagasaki. Apesar de desejar muito acompanhá-lo, até o dia 15 tenho que, por bem ou por mal, finalizar o livro[45] que estou escrevendo para a editora Shinchosha, e por algum tempo continuarei trabalhando dez horas diárias, em meu esconderijo; uma vez chegado o dia 15, precisarei então escrever uma história serializada[46] para a revista *Opinião Pública Feminina*, e por isso imagino que não poderei me juntar ao senhor. Mas penso que gostaria de ir à Argentina na ocasião vindoura.

---

45. Refere-se ao romance *Sede de amar*, publicado em junho de 1950.
46. Refere-se ao romance *Noites de branco puro*, serializado na revista *Opinião Pública Feminina*, edições de janeiro a outubro de 1950.

Embora seja meu maior sonho ver cada canto da Europa, sobretudo desta Europa devastada, quando será que poderei realizá-lo? Caso acabe se reconstruindo de um modo estranho, ela poderá perder seus atrativos. Lugares como Berlim ou cada outra cidade devastada da Alemanha, da Itália, a Grécia sob o governo comunista, esses são os mais atraentes; e, enquanto os Estados Unidos não me atraiam nem um pouco sequer, se me disserem para ir, também para lá irei contente. O senhor leu *Na Grécia*, de Michio Takeyama? Mesmo que seja somente uma vez na vida, gostaria de ver um panteão.

Bem, não deixe de cuidar da saúde, e mande lembranças à sua esposa.

YUKIO MISHIMA

(Cartão-postal)
De Yukio Mishima
Hotel Turístico Oshima em Okata-mura, Oshima
Ao sr. Yasunari Kawabata
Kamakura-shi, Hase nº 264

9 de maio de 1950

Desculpe por não tê-lo contatado. Foi uma pena não ter podido encontrá-lo naquele dia.

Tóquio vem se tornando barulhenta por muitos motivos, a ponto de eu não conseguir trabalhar, então, em parte por sentir esgotamento nervoso, tomei a decisão brusca de vir a esta ilha. Ao vir para cá meu ânimo se refrescou de um jeito que parece mentira e, após observar o vulcão em um agradável dia ensolarado, ainda agora ferve em mim um "sentimento de compaixão para com o mundo", o que me permite avançar bastante o trabalho. Creio ter sido um ato calculado.

Na noite em que aqui cheguei continuaram a ocorrer pequenas explosões a cada trinta segundos, fazendo as portas de vidro tremerem até o amanhecer. O céu acima da cratera é rubro como o crepúsculo, com aglomerados de partículas flamejantes dançando a cada vez que o solo reverbera, exatamente como se fosse uma onda, cuja crista de fogo quebra nas rochas enviando borrifos para o céu.

Dizem que no mês passado houve um destemido que, sob o testemunho da pessoa que o acompanhava, lançou o corpo sobre o córrego de lava que corria pelo deserto à velocidade de uma escada rolante. Sem poder ajudá-lo, parece que o acompanhante se limitou a marcar o tempo, e dizem que foram necessários quinze minutos para que derretesse por completo.

Mudando de assunto, eu havia passado por mera cortesia o endereço de minha casa àquele comerciante de tecidos de Kyoto, o senhor Kitade, que eu conhecera anteriormente em sua residência, mas ele acabou indo mesmo até lá, e portanto tive de comprar um quimono para minha mãe.

Ficou decidido que escreverei o comentário para seu livro[47] a ser publicado pela Shinchosha. Penso ser uma grande honra.

Bem, cuide sempre da saúde. Eu gostaria de voltar a encontrá-lo depois de retornar à capital.

Yukio Mishima

---

47. Refere-se ao romance *A dançarina de Izu*, que seria publicado pela editora Shinchosha em agosto de 1950.

De Yukio Mishima
Pensão Terumoto, Naka-Gora, Fontes Termais de Gora, província de Kanagawa
Ao sr. Yasunari Kawabata
Kamakura-shi, Hase nº 246 [sic]

22 de julho de 1950

Escrevo-lhe para perguntar como o senhor está em meio a este calor. Passam todos bem em sua casa? Atualmente estou trabalhando em Naka-Gora. O ar aqui está bastante fresco, e os lírios monteses e hortênsias sobejam. Quando cheguei aqui pelo trem noturno, subindo a montanha, fileiras de flores brancas de hortênsias revelavam seus rostos aqui e ali ao lado dos trilhos, provocando uma sensação um tanto sensual, um tanto misteriosa. De início estive em uma pensão em Gora, mas, perturbado com as festas de todas as noites e com a cantoria da "cantiga dos mineiros", fugi para cá. Nesta pensão posso ver da janela o monte Myojogatake, o qual, neste momento, está decorado por um arco-íris. Regresso à capital no final do mês, portanto espero incomodá-lo no mês que vem, ainda que brevemente.

YUKIO MISHIMA

P.S.: Por favor, perdoe-me por haver disposto um sem-fim de palavras tão rústicas no comentário para a Shincho-Bunko.

De Yasunari Kawabata
Kamakura-shi, Hase nº 264
Ao sr. Yukio Mishima
Tóquio, Shibuya-ku, Oyama-cho nº 15

24 de julho de 1950

Outro dia fui à Shinchosha para pedir uma contribuição e, na oportunidade, li o original de seu comentário para *A dançarina de Izu*. Não posso conter a gratidão por receber repetidas vezes palavras assim deleitosas. É uma pena que o livro seja rudimentar.

Recebi o *Sede de amar* de Sugawara e, como amanhã vou a Hakone, creio que o poderei ler.

Depois daquela vez encontrei alguns Harunobu[48] à venda, mas estavam em mau estado de conservação, e não incluíam a obra de que falamos. Por que não nos faz uma visita no mês que vem, durante a Festa do Mar?

Por ora é isso, escrevo apenas para saudá-lo.

Noite de 24 de julho

YASUNARI KAWABATA

---

48. Refere-se a Harunobu Suzuki (1725-1770), renomado artista de *ukiyo--e*, gênero artístico japonês de pinturas e xilogravuras.

De Yasunari Kawabata
Hakone, Gora, Kurata
Ao sr. Yukio Mishima
Tóquio, Meguro-ku, Midorigaoka nº 2323

10 de agosto de 1951

Ontem vim para Gora. Meu quarto no Kansui havia sido ocupado pelo general Yasuji Okamura (?)[49], das forças a serviço na China. Obviamente não havia vagas, e cheguei a pedir para que ligassem à pensão onde você havia se hospedado no verão passado, mas disseram que teriam de me expulsar por sábado e domingo, então o gerente do Kansui me conduziu a uma pensão chamada Kurata, acima do parque Gora. É uma pensão cercada pela casa do Senhor da Luz.[50] Hoje pelo entardecer recebi um telefonema da esposa de Takami, da pensão de Sengokuhara, dizendo que semana que vem talvez seja possível ir ver o acervo de obras artísticas antigas do Senhor da Luz. Quem passou a informação a ela foi um *marchand*. Kishichiro Okura também está na mesma pensão que Takami. Ontem, ao descermos na estação de Odawara, enfim nos demos conta de que estávamos no mesmo trem. Ele parece ter as costas bastante curvadas. Este ano também apareceram muitas hortênsias no caminho do trem que subia a montanha, um mau presságio que me causou incômodo.

---

49. Interrogação presente no texto original, provavelmente porque Kawabata não estava seguro de como se escrevia o nome do general.
50. Como se autointitulava Mokiti Okada (1882-1955), fundador da Igreja Messiânica Mundial.

Anteontem o Yamagawa da *Literatura* foi até minha casa em Kamakura, contando-me outra vez sobre o convite de Fujita para que fosse à França com ele. Neste outono não creio que seja possível. Além do quê, é uma maçada. Conforme eu já sugerira antes, você é quem deveria ir. Ainda que não seja com Fujita, mas você deveria ir o mais cedo possível, enquanto é tempo. *Cores proibidas* já é uma obra espantosa. Ainda assim, creio que um novo mundo se abrirá para você caso vá para o Ocidente.

Como se chama e o que faz o estadunidense que está traduzindo seu *Confissões de uma máscara*? Na verdade, parece que uma revista literária de uma universidade estadunidense relacionada a Stegner (um contista que visitou o Japão nesta primavera) está publicando também contos japoneses a cada edição, e ele já escreveu repetidos pedidos de colaboração, também a outras duas ou três pessoas; eu gostaria destarte de enviar a ele alguma obra, para saber a opinião de um estrangeiro que reside no Japão a respeito da literatura japonesa. Eu ficaria feliz caso você também pudesse lhe mandar ao menos um texto, caso tenha algum que considere interessante a ser traduzido para o Ocidente. Para Stegner pretendo continuar enviando diversas coisas, não me detendo à primeira vez. De acordo com Kiyoshi Komatsu, parece que a editora que edita a revista de Sartre também veio dizer que estão interessados em publicar uma coletânea de literatura japonesa. Eu já ouvira essa história antes, mas acabei negligenciando-a devido ao PEN Club. No entanto, não somente penso que seria melhor lhes responder, como tenho a intenção de me esforçar para que a proposta se dirija rumo à concretização.

Cuidado com o calor. E perdão pelo outro dia.

Yasunari Kawabata

De Yukio Mishima
Tóquio, Meguro-ku, Midorigaoka nº 2323
Ao sr. Yasunari Kawabata
Kamakura-shi, Hase nº 264

10 de setembro de 1951

Muito obrigado por sua carta. Eu pensava, com a finalização do meu último trabalho, em lhe escrever uma carta longa, de "umas cem páginas pomposas", como dizem, uma vez que já não o fazia há muito tempo, mas acabei me atrasando, e agora lhe peço desculpas.

Embora eu tenha ficado muito feliz por encontrá-lo ano passado em Gora, este ano me distanciei de Hakone com medo do já conhecido "saiu a lua, saiu"[51], e fui à praia de Imai e a Karuizawa, e depois a Shizuura para ser "enlatado"[52] pela Shinchosha. Nunca passei um verão tão divertido quanto este: tomei banho de mar (agora já consigo nadar cinco metros; ao fazê-lo em frente a Sugawara para lhe mostrar, ele gargalhou, batizando meu estilo *crawl* de "cachorro" e, vendo minha expressão de agoniado enquanto nadava, disse que ela poderia arrefecer em um instante mesmo uma paixão de cem anos), dancei, andei a cavalo, passeei de barco e, além de beber, con-

---

51. Referência à *Cantiga dos mineiros* que Kawabata havia mencionado ser cantada nas festas locais. A letra original, no entanto, difere ligeiramente: "A lua saiu, saiu."
52. No original, *kandzume*, em referência ao costume de editoras de reservarem um quarto de luxo em algum hotel, por exemplo, para que escritores célebres trabalhassem em retiro, sem distrações.

segui trabalhar ainda o dobro em relação ao ano passado. A razão para tanto é que atualmente não estou envolvido nem um pouco em paixões amorosas.

Quanto à viagem para o Ocidente, entreguei a folha de candidatura ao Conselho de Jovens Artistas, e tenho um exame de inglês no dia 11, mas minha reprovação é garantida. Afinal, o examinador será estrangeiro, então não haverá meios de enganá-lo. Tenho outra história para contar, mas esta ainda não está definida. Eu queria lhe pedir uma carta de recomendação do Conselho de Jovens Artistas e, achando que o senhor estaria presente à mostra prévia do filme *Cyrano*, fui até o cinema Subaruza, mas infelizmente não o encontrei. Quanto à questão da coletânea de contos de Stegner, conquanto tenha lido com alegria sua gentil proposta, dentre minhas obras não me vem nenhuma à cabeça, por mais que tente pensar. Que tal estaria algo como "Cavalgada"? Em relação a meu *Confissões de uma máscara*, depois de falar com Morris, da Inglaterra, ficou decidido que o passaria ao estadunidense Weatherby, que já o haveria terminado de traduzir. Entretanto, na carta que recebi de Morris posteriormente, ele começou a dizer que suspeitava se Weatherby já havia de fato traduzido tudo, ou se teriam já uma boa editora, então por ora a conversa está estagnada. Weatherby é um ex-diplomata estadunidense que não parece ter experiência prévia sequer com a literatura do próprio país.

Por estes dias li o livro *A escola romântica* [*Die romantische Schule*], de Heine, em que ele diz que Goethe é "infértil e estéril", o que li com interesse, pois dissertava como se essas fossem características essenciais da arte. Como se trata de Heine, creio que pode dizer isso com serenidade. Por agora estou lendo *Aspectos de Chopin* [*Aspects de Chopin*], de Cortot, igualmente interessante.

Escrevi duas peças com danças. Uma foi para uma apresentação para o festival Yanagibashi[53], *Duelo de ostentação da jovem Chikamatsu*, e a outra, *A jovem nobre e o espelho*, para uma nova criação de Yoshio Aoyama[54] para o balé japonês, uma adaptação da *História da princesa reclusa*.[55] Aquela será encenada no fim de outubro no teatro do Meijiza, e esta no fim de novembro no Teatro Imperial.

Comecei a beber e a engordar, tanto que em maio estava com 48,75 quilos, e agora estou com 52,5. Esses quase quatro quilos de diferença creio poder medi-los em litros.

Fui a Karuizawa com Ken'ichi Yoshida[56], dentre outros, e este bebia o dia inteiro, enfurecendo-se sempre que parávamos em uma estação no caminho até lá onde não vendessem chope: "Se não vendem chope aqui, para que diabos fazer uma parada?!" Mesmo depois de chegarmos ao nosso destino ele seguiu bebendo de manhã, de tarde e de noite, com sua figura de roupão empunhando uma cerveja desde o amanhecer lembrando a "Shosuke Ohara".[57] Certa noite lhe fiz companhia até as duas da madrugada, até que dormiu, mas fui despertado às sete do dia seguinte por uma sonora risada, vinda do quarto adjacente; ao ir lá para ver o que era, o encontrei tomando uísque mesmo estando ainda na cama. É um caso perdido.

53. Refere-se a Yanagibashi Midori-Kai, nome de um evento teatral que ocorria próximo à ponte Yanagibashi, em Tóquio.
54. Yoshio Aoyama (1903-1976), diretor de teatro e coreógrafo japonês.
55. Antiga história japonesa do fim do século X, de autoria desconhecida, similar à história da Cinderela.
56. Ken'ichi Yoshida (1912-1977), escritor, crítico literário e tradutor japonês de literatura inglesa.
57. Personagem fictícia de uma cantiga popular japonesa, da qual se canta: "Adorava dormir de manhã, beber de manhã, ir para a fonte termal de manhã, e assim perdeu tudo que tinha."

Raspei a cabeça para melhor nadar no mar, mas minha mãe disse que assim já não andará mais a meu lado. De acordo com ela, pareço um desses delinquentes que adoram coisas importadas, e que acabou de regressar de Okinawa depois de ir à base estadunidense para obter mais cigarros estrangeiros por ter tido os seus confiscados. Pois fico contente que ela não ande comigo.

Em Karuizawa fui a uma festa selvagem de rapazes e moças delinquentes, que me fizeram pensar ser assustadora esta geração do *après-guerre*. Mantaro Kubota chegou a se enfurecer tal qual um louco quando leram nosso debate na revista *Teatro*[58], chegando ele à mesma conclusão.

Sua esposa também anda bem de saúde? Faz tempo que não os visito, mas lhe diga, por favor, que da próxima vez que o fizer tomarei de antemão algum antídoto para não cair vítima de sua língua de serpente.

Bem, perdão por escrever apenas histórias desnecessárias.

Yukio Mishima

---

58. Refere-se ao debate "Falando diretamente ao palco" [*Gekidan ni Chokugen-su*], cujo conteúdo foi publicado no periódico mencionado, edição de agosto de 1951.

De Yukio Mishima (A/c do sr. Tarama)
Lins, São Paulo, Brasil
Ao sr. Yasunari Kawabata
Kamakura-shi, Hase nº 246 [sic]

13 de fevereiro de 1952

Perdão por não tê-lo contatado antes. Muito obrigado pelo auxílio excepcional que o senhor e sua esposa me ofereceram na ocasião de minha partida. Estou escrevendo esta carta agora da fazenda de Toshihiko Tarama[59] na periferia de Lins, uma cidade interiorana a cerca de uma hora e meia de avião de São Paulo. Toshihiko conseguiu dominar muito bem a língua brasileira, e não se pode sentir nenhum traço de artificialidade em sua conversão de membro da realeza a fazendeiro.

Em Nova York fui auxiliado em boa medida por Passin.[60] Passin havia acabado de retornar aos Estados Unidos depois de perder um filho ainda bebê, mas se dispôs a servir de intérprete de entrevista para mim. Caso o encontre, envie-lhe saudações de minha parte, por favor.

Em Nova York fiz uso apenas da carta de apresentação que me providenciara Passin. Também recebi uma carta de apresentação da senhora Williams endereçada ao Departamento de Estado, mas, como seria incômodo usar ambas ao mesmo

---

59. Toshihiko Tarama (1929-2015), neto do Imperador Meiji, o qual emigrou para o Brasil em 1947.
60. Herbert Passin (1916-2003), antropólogo e nipólogo estadunidense.

tempo, estou pensando em utilizar a da senhora Williams apenas quando for à Grécia.

Nos Estados Unidos o povo todo me tratou com muita simpatia, e quem me ajudou especialmente foi a senhorita Krueger, amiga de Passin. Apesar de me espantar em como todos os estadunidenses que encontro são boas pessoas, há uma leve diferença entre pessoas boas e pessoas com sabor; no quesito sabor, ninguém se compara a Passin, alguém que já vive no Japão há tanto tempo. O Japão confere "sabor" às pessoas.

Já quanto à América do Sul, me apraz sobremaneira o nível de descontração dos brasileiros. Não há um bando tão simpático como esse, mesmo considerando os japoneses que aqui vivem, agradáveis com seus ares de despreocupação, já que é usual encontrar entre eles os que têm centenas de milhões em dinheiro, não se podendo compará-los com os descendentes grosseiros de primeira ou segunda geração do Havaí ou da costa oeste estadunidense. Para começar, aqui eles têm educação e sabem muito mais sobre o Japão do que o bando que vive em Honolulu.

Em relação à língua nativa, o português, apesar de ter muitas vogais, a pronúncia é muito próxima do japonês, de modo que não soa assim tão artificial mesmo quando nós japoneses a falamos. Embora não haja como as palavras corpulentas do idioma anglo-saxão combinarem com o idioma japonês, motivo pelo qual me dá arrepios frente à fealdade de descendentes falando *"let's go"* ou *"hey, hey, c'mon, go ahead"*, o português é muito mais condizente conosco.

Eu estava seguro de que pegaria uma enxada para trabalhar nas terras de Tarama, contudo cheguei tão cansado que não houve como fazê-lo, e aqui apenas descanso. Os hábitos das formigas-cortadeiras são interessantes e, apesar de dizerem que aqui há também beija-flores e tatus, ainda não os avistei.

Por volta do dia 16 retorno a São Paulo, de onde parto em viagem para conhecer o verdadeiro interior acompanhado de Nakanishi, um senhor que já conhece o mundo como a palma da mão. Planejamos passar por Mato Grosso e ir até a fronteira com a Bolívia, um lugar onde dizem que se aventuraram menos japoneses do que se possa contar nos dedos da mão.

Devo voltar para o Rio de Janeiro até antes do Carnaval, que começa no dia 23 (mal posso esperar para ver o Carnaval do Rio), após o qual pretendo ir para a Argentina, embora esteja com dificuldades para obter o visto; caso não o consiga de modo algum, sigo direto para a Europa.

Bem, não deixe de cuidar da saúde em meio ao frio intenso do Japão.

Saudações à sua esposa, como sempre.

YUKIO MISHIMA

De Yasunari Kawabata
Kamakura-shi, Hase nº 264
Ao sr. Yukio Mishima
Tóquio, Meguro-ku, Midorigaoka nº 2323

15 de fevereiro de 1953

Ontem houve uma reunião do PEN Club, também com a desculpa de realizar uma festa de despedida para Masao Yonekawa[61], e já estou pensando em renunciar. Sinto o forte desejo de trabalhar tranquilo por algum tempo (não em algo como o que estou escrevendo atualmente). Ou um desejo de tomar um chá em uma tigela comprada com o dinheiro de viagem para o Ocidente (não posso afirmar que não se trata de um passatempo para aposentados).

Li com profundo interesse o debate na *Multidão*.[62] Por achar insípido ter minha verdadeira forma tão bem compreendida e dissecada, imagino que logo terei de passar por uma metamorfose. Incomoda-me que na continuação de *Mil tsurus* de fato surgirá a moça tal qual você teorizou.

---

61. Masao Yonekawa (1891-1965), tradutor e estudioso de literatura russa.
62. Refere-se ao debate "Crítica conjunta de criações literárias" [*Sosaku Gappyo*], realizado entre Katsuichiro Kamei, Yoshie Hotta e Yukio Mishima e cujo conteúdo seria publicado na revista mencionada, edição de março de 1953. O debate inclui uma crítica da obra *Após o ferimento*, de Kawabata.

Na *Mundo Literário*⁶³ deste mês você não abordou de forma um tanto óbvia demais o trecho sobre o novo jovem? Amanhã retorno a Kamakura e lhe envio o 14º volume das obras completas e *Novo casamento*.

YASUNARI KAWABATA,
da casa dos Fukudas

---

63. Mishima vinha publicando serialmente a segunda parte de *Cores proibidas* nessa revista desde agosto de 1952.

De Yukio Mishima (A/c do sr. Munekazu Terada)
Vila de Kamishima, Shima-gun, província de Mie
Ao sr. Yasunari Kawabata
Kamakura-shi, Hase nº 246 [sic]

10 de março de 1953

Fico feliz que o senhor esteja com boa saúde. Ainda, muito obrigado por sua carta do outro dia. Queria logo encontrá-lo e por isso fiz uma visita, mas infelizmente o senhor não estava.

Quedo-me por algum tempo em Kamishima, uma ilha isolada que estrangula a entrada da baía de Ise. Vim aqui como preparativo, e também para pesquisa, a fim de começar a escrever meu próximo romance depois de *Cores proibidas*, algo não serializado e saudável, o completo oposto daquela obra decadente. A população é de 1.200 ou 1.300 pessoas, espalhadas por duzentas casas, e não há aqui nenhum daqueles lugares "sujos" como cinemas, casas de pachinko[64], bares ou cafeterias. Tanto que mesmo alguém como eu conseguiu se purificar, e estou acordando todas as manhãs às 6h30. Aqui parece existir o verdadeiro cotidiano do ser humano. E viver imitando esse verdadeiro cotidiano dos seres humanos, ainda que até então por uma semana apenas, tem sido para mim um deleite. Outro dia passei desde manhã cedo até o entardecer em um barco de pesca de polvos com potes, ajudando com

---

64. Jogo de azar japonês semelhante a um *pinball*, porém sem a possibilidade de influenciar a trajetória das bolas lançadas. Prêmios são obtidos quando as bolas lançadas caem em uma parte específica da máquina.

a captura. Elogiaram-me por não me sentir nem um pouco nauseado no barco. Estou hospedado na casa do diretor da associação de pescadores da vila e, certa feita, quando eu estava no escritório da associação, entrou um velho pescador e me encarou repetidas vezes, perguntando enfim à pessoa a seu lado: "E esse jovem aí, de onde vem?" Pretendo voltar aqui no verão e, se possível, também no outono, mais uma ou duas vezes para pesquisa, começando a escrever o livro neste outono para terminar na próxima primavera.

Amanhã de manhã parto daqui para ir ao Hotel Turístico de Shima, na ilha de Kashikojima, ainda em Mie. Ao imaginar que lá passarei de modo sofisticado, comendo com garfo e faca, me desaponto comigo mesmo.

Bem, mal posso esperar por encontrá-lo uma vez que tenha voltado à capital.

YUKIO MISHIMA

P.S.: Apesar de eu ter nela um por cento de participação, não posso dizer que a peça *Borboleta*[65] do teatro Kabukiza seja de fato um trabalho meu, e é por essa razão que não convidei ninguém para vê-la. Não me tenha em má conta.

---

65. Peça da autoria de Bimyo Yamada, dirigida conjuntamente por Mishima e Seiichi Funahashi.

De Yasunari Kawabata
Kamakura-shi, Hase
Ao sr. Yukio Mishima
Tóquio, Meguro-ku, Midorigaoka nº 2323

14 de outubro de 1953

 Sinto-me desgostoso quanto à recomendação que escrevi para sua obra. Imagino que você o esteja ainda mais. Aqui em casa só me contaram que houve um telefonema pela tarde dizendo que o texto seria necessário até a manhã seguinte, e responderam sem me consultar que sim, eu poderia fazê-lo. Eu havia saído a trabalho e, ao ouvir a respeito do telefonema, já não restava mais tempo, pois obviamente o ideal seria haver feito uma releitura do livro. Peço seu perdão.
 Sinto inveja pelo modo como está conseguindo progredir com seu trabalho. Eu também estou sempre pensando em trabalhar com vigor, mas não posso prever quando poderei começar a fazê-lo. Ultimamente não suporto o clima umbroso. Parece que o frio continuará até maio.
 Desde ontem à noite estou trabalhando fora. Pode parecer fácil por eu estar dormindo em um quarto onde já estive antes, mas não há nenhum estímulo. Mês que vem viajo até as bandas de Kyoto. Pretendo descansar um pouco.

Yasunari Kawabata

De Yukio Mishima
Tóquio, Meguro, Midorigaoka nº 2323
Ao sr. Yasunari Kawabata
Kamakura-shi, Hase nº 264

17 de outubro de 1953

Muito obrigado por sua carta.

Na verdade eu estava justamente pensando em escrever-lhe uma carta de agradecimento pelo texto de recomendação, e me senti constrangido por receber antes uma saudação sua. Para mim, ser agraciado com uma recomendação tão além do que mereço foi uma grande alegria.

Eu gostaria de lhe prestar uma visita, mas, sabendo que está trabalhando na residência dos Fukudas, evito fazê-lo para não o perturbar em suas tarefas. Imagino que o encontrarei na cerimônia de casamento de Fusao Hayashi.

Até ontem estive em Shuzenji, onde pousara na noite anterior. Fui com cinco amigos para a festa de despedida de Shohei Ooka, e foi uma lástima que, para a última noite que levaria de recordação do Japão, havia apenas gueixas que mais pareciam umas batatas. Na volta passamos de carro pela baía de Mito, um cenário lindo, a orla ensolarada com o clima primaveril que precede a vinda do inverno.

Como Oota já não sabia mais o que fazer com a *Clube Feminino*, e eu tampouco não aguento mais a *Amiga da Dona de Casa*[66],

---

66. Revista na qual Mishima publicou, de agosto de 1953 a julho de 1954, a obra serializada *A capital da paixão*.

trocamos entre nós um sem-número de reclamações. Embora eu esteja colhendo o que plantei, infelizmente estou pensando em pedir que publiquem uma declaração dizendo que "a serialização da obra terá de ser interrompida devido ao tédio extremo do autor". Já tendo escrito todas as coisas homossexuais que queria escrever, devo parar por aqui de vez, e de agora em diante pretendo me dedicar apenas a romances saudáveis. Será o início da minha verdadeira aventura, uma travessia em corda bamba. Precisarei inclusive fazer um seguro de vida.

O senhor sairá rumo a Kyoto em novembro? Estou seguro de que a cidade é agradável nessa época. Conquanto eu também deseje ir, sempre penso que deveria aproveitar para fazê-lo quando não precisar levar também o trabalho comigo, e acaba que assim nunca viajo.

Tenho uma mensagem de Tsuneari Fukuda, que disse que Nova York lhe agradou bastante. Vindo do escritor de *O tufão Kitty*, não seria diferente.

Repreenderam-me na festa de despedida de Oota por "ser mesmo um fascista", porque escrevi em um papel de caligrafia:

shēng píng hé she shén zhoú dì
jià yí dí chē xià mǐ zhoú
jì yǐ hé chaó huà niǔ yù[67]

Bem, as noites se tornam mais frias a cada dia que passa, então não deixe de cuidar da saúde.

Yukio Mishima

---

67. Poema em chinês no original. Tradução: "Shohei, por que abandonas a terra do sol nascente,/ E sobes no carro dos bárbaros rumo aos Estados Unidos?/ Esperas que o Japão se converta em Nova York?"

De Yasunari Kawabata
Kamakura-shi, Hase nº 264
Ao sr. Yukio Mishima
Tóquio, Meguro-ku, Midorigaoka nº 2323

25 de novembro de 1953

Perdoe minha ausência, mas havia ido ao torneio de go entre literatos. Consegui ressuscitar mesmo depois de ter o azar de enfrentar Sakakiyama[68], campeão dentre os literatos, mas acabei perdendo de novo para o mestre Shofu.[69] Isso que até costumo jogar bem o go quando é para aparecer em jornais ou revistas. Fico muito feliz com os belos doces com que me presenteou, decerto em comemoração por haver me tornado membro da Academia.[70] É claro que também fico animado com isso, mas ao mesmo tempo me faz sentir um pouco solitário. Em Kyoto, pensei pela primeira vez na pobre tristeza do Japão frente à modéstia das residências nos bairros antigos, que dissipa o ânimo da gente. Quanto à sua obra *Prazer secreto*[71], parece que todas as críticas vêm da velha guarda, o que faz com que eu também me pergunte de que valem as críticas recentes.

YASUNARI KAWABATA

---

68. Jun Sakakiyama (1900-1980), escritor responsável por muitas histórias relacionadas ao go.
69. Shofu Muramatsu (1889-1961), escritor.
70. Em 13 de novembro de 1953, Kawabata foi selecionado como membro da Academia de Artes do Japão, juntamente com Nagai Kafu e Mimei Ogawa.
71. Como era intitulada a segunda parte da obra *Cores proibidas*.

De Yasunari Kawabata
Kamakura-shi, Hase nº 264
Ao sr. Yukio Mishima
Tóquio, Meguro-ku, Midorigaoka nº 2323

18 de dezembro de 1953

Minhas saudações. Recebi hoje um esplêndido salmão conservado em sal. Sinto que estou sempre recebendo presentes. "Inferno"[72] foi um deleite. É inútil para mim invejar esse talento que lhe permite criar algo tão ataviado e a seu bel-prazer. Faço apenas admirá-lo. Foi mesmo uma adaptação interessante. Caso não haja empecilhos, venha me visitar em 2 de janeiro. Apesar de que não tenho nada em especial planejado. Diga à sua mãe que mandei lembranças.

Yasunari Kawabata

---

72. Conto de Ryunosuke Akutagawa que havia sido adaptado para o teatro por Mishima, e encenado no teatro Kabukiza em dezembro de 1953 pelo grupo teatral de Kichiemon Nakamura.

De Yasunari Kawabata
Kamakura-shi, Hase nº 264
Ao sr. Yukio Mishima
Tóquio, Meguro-ku, Midorigaoka nº 2323

20 de abril de 1954

Foi uma pena que, uma vez mais, eu não estava quando se deu ao trabalho de ter vindo me visitar. De certa forma dei um fim aos trabalhos árduos e penosos que apenas aprofundam meu desespero, e em breve retornarei. Todos os anos, esta época de folhas verdes não me calha bem nem ao corpo, nem ao espírito. Quando era jovem ainda estava melhor, pois, rebelde, era nos dias quentes, ou ainda sob calor infernal, que eu me sentia mais motivado. Já ultimamente passei a preferir o inverno.

Penso que gostaria de mudar minha maneira de trabalhar. Afinal, acabo sempre me tornando um derrotista. *O lago*[73], na *Nova Maré*, é outro trabalho desesperado, mas a expressão do desespero não se reflete em absoluto na obra. Pelo menos Sugawara tem habilidade em me fazer escrever.

Koisaburo Nishikawa me pediu um roteiro para uma peça com danças, e me sinto aflito. Nunca escrevi nada que incluísse canto.

Escrevi apenas para me desculpar por minha ausência.

YASUNARI KAWABATA

---

73. Romance de Kawabata que começou a ser serializado na revista em questão a partir de janeiro de 1954.

(Carta expressa)
De Yukio Mishima
Tóquio, Meguro-ku, Midorigaoka nº 2323
Ao sr. Yasunari Kawabata
Kamakura-shi, Hase nº 264

2 de novembro de 1954

Obrigado por sua carta de outro dia. Graças ao senhor ganhei o prêmio[74], e meus pais também estão deveras contentes. Expresso meu sincero agradecimento.

Pois bem, outra vez escrevi uma peça por passatempo, portanto, caso tenha alguma folga, deixar-me-ia muito feliz se pudesse assisti-la. A programação da matinê é como segue: I) *A viagem de Sakuramaru*; II) *A história do apanhador de pérolas* (nova obra de Isamu Yoshii); III) o décimo ato do *Registro de Taiko*; IV) *Cômoro negro*; V) *A rede de paixão do vendedor de sardinhas* (esta, minha nova obra). A minha peça deve começar por volta das três da tarde. Trata-se de uma comédia que extraí de um *otogizoshi*.[75]

Estive viajando o mês passado inteiro, até o último dia, a fim de realizar pesquisas para um romance, e assim peço desculpas pelo atraso em lhe responder. Fui ver a represa de Okutadami na divisa entre as províncias de Niigata e Fukushima e, quando observava o local de obras da passagem, o supervisor

---

74. Mishima recebeu o primeiro prêmio literário da editora Shinchosha pelo romance *Mar inquieto*.
75. Ver nota 26.

veio correndo e gritando "Dinamite!", se escondendo às pressas ao pé do penhasco. Foi um tanto arrepiante. Abusei da bebida todos os dias e fiquei indisposto.

Bem, estou ansioso por encontrá-lo novamente no dia 9. Eu saio para saudá-lo antes de começar minha peça, no intervalo enquanto a cortina estiver baixada.

Mando ainda lembranças à sua esposa.

YUKIO MISHIMA

De Yasunari Kawabata
Kamakura-shi, Hase nº 264
Ao sr. Yukio Mishima
Tóquio, Meguro-ku, Midorigaoka nº 2326 [sic][76]

8 de fevereiro de 1955

Há pouco ouvi seu debate no rádio com Utaemon[77], uma pena que não tenha sido televisionado. Com a transmissão entrecortada pelo alvoroço da resignação de Malenkov, pude saboreá-la somente em parte. Envio-lhe ingressos para *Meretriz de barco*.[78] Como está também em cartaz a peça *Sukeroku* de Eijuro[79], a minha acabará sendo exibida por volta do meio da programação noturna.

YASUNARI KAWABATA

---

76. O número correto continua sendo 2323, como consta nas cartas anteriores.
77. Utaemon Nakamura VI (1917-2001), ator de teatro kabuki.
78. Peça com dança da autoria de Kawabata, escrita para a companhia de teatro Nishikawa.
79. Eijuro Kiyomoto (1904-1963), nome artístico de Genji Miyagawa, músico e compositor de shamisen.

De Yukio Mishima
Tóquio, Meguro-ku, Midorigaoka nº 2323
Ao sr. Yasunari Kawabata
Kamakura-shi, Hase nº 246 [sic]

11 de fevereiro de 1955

Recebi hoje sua carta, muito obrigado. Então o senhor ouviu a transmissão no rádio? Tive de me empenhar bastante para fazer com que o monossilábico Utaemon falasse. Embora com atraso, agradeço-lhe sinceramente pelo ingresso para o evento Rifukai. Mal posso esperar para assistir à *Meretriz de barco* (que belo título), que vem sendo bastante comentado.

Incluí também ingressos para o Tsubomikai.[80] Caso o senhor tenha alguma folga, eu ficaria assaz contente se pudesse comparecer com sua família. Amanhã, depois de terminar as apresentações no teatro Kabukiza, vamos começar o ensaio a partir das onze da noite, o que me deixa aflito por me atrapalhar o trabalho.

Mamãe me disse para não deixar de lhe mandar lembranças. Recentemente a chamo de "Pausinha", pois ela tem tremelicado sem parar devido à menopausa; mas, no dia 17, contanto que não tenha calenturas, ela também irá. Anseio por encontrar o senhor no teatro.

YUKIO MISHIMA

---

80. Em fevereiro de 1955, a peça clássica *Yuya*, modernizada por Mishima, esteve em cartaz no teatro Kabukiza durante o evento Tsubomikai.

De Yasunari Kawabata
Kamakura-shi, Hase nº 264
Ao sr. Yukio Mishima
Tóquio, Meguro-ku, Midorigaoka nº 2323

22 de dezembro de 1955

Minhas saudações. Ontem à noite quando voltei para casa descobri que havia recebido uma curiosa luminária de mesa. Mesmo minha esposa disse que estou sempre recebendo presentes. Agradeço pela atenção que me dispensa. Esta noite acabei de regressar após ter ido ouvir o Coral dos Meninos de Viena.[81] Mal posso esperar por encontrá-lo. Achei seu debate[82] com Mitsugoro na *Multidão* um dos melhores dos últimos tempos.

YASUNARI KAWABATA

---

81. Primeira apresentação do grupo no Japão.
82. Primeira parte de debate intitulado "A arte japonesa" [*Nihon no Bungei*], realizado entre Mishima e o ator Mitsugoro Bando IX (1929-1999) e que seria publicado no periódico mencionado em janeiro de 1956.

De Yasunari Kawabata
Kamakura-shi, Hase nº 264
Ao sr. Yukio Mishima
Tóquio, Meguro-ku, Midorigaoka nº 2323

23 de outubro de 1956

Minhas saudações. Hoje chegou por correio aéreo, enviado por Straus da editora Knopf, a primeira parte de *Snow Country*. É um exemplar em edição econômica, 1,25 dólar (embora eu me espante com o preço salgado), e me surpreendeu a imagem da gueixa na capa. Fiquei surpreso também por encontrar escrito em minha curta biografia na contracapa que eu, o autor, *has discovered and sponsored remarkable young writers as Yukio Mishima*. Sinto que lhe devo desculpas. Será que me introduzem assim por eu não estar *devoting* esforços ao levantamento de pesos ou ao *body-building*? É possível que um dia meu nome reste na história da literatura somente pelo honrado equívoco de que fora eu quem *discovered* você. De todo modo, qualquer coisa dita sobre mim parece que causa transtornos a você; e mesmo no caso de "Poderão as tartarugas alcançar as lebres?"[83], penso ser-lhe um transtorno que volta e meia alguém venha aqui me pedir que escreva algo a respeito.

Eu deveria ter partido ontem para Takamatsu a fim de participar da cerimônia de inauguração da estátua de bronze

---

83. Ensaio de Mishima publicado em setembro de 1956 na revista *Opinião Pública Central*, e editado em livro no mês seguinte pela editora Murayama Shoten, a respeito da incapacidade dos países subdesenvolvidos da Ásia de atingirem um status de desenvolvimento.

de Kan Kikuchi, mas, acabando anteontem debilitado por uma dor semelhante a espasmos estomacais (já é a terceira vez este mês que tenho dores de estômago assim, enquanto ainda convalesço do resfriado do mês passado), passei os dois últimos dias praticamente preso à cama, de modo que poder ler sobre as lebres e tartarugas foi para mim uma diversão em meio à enfermidade. A respeito tanto deste texto quanto aquele sobre a folga dos escritores[84], devo dizer que ambos possuem pontos, mais do que interessantes, assaz educativos. Espantei-me também com o seu relato sobre estilo em "Um experimento de autorremodelagem".[85]

Devo terminar em breve o romance para o jornal *Asahi*[86], mas sinto que foi uma pena o período de dedicação, como se houvesse jogado fora três anos de trabalho escrevendo romances para jornais. De agora em diante começarei a fazer alguns experimentos, ainda que preguiçosamente. Será um exercício de escrita que não permitirá sequer dizer que minhas obras de até então tenham servido como alguma espécie de ensaio. Pode ser que riam caso eu fale assim, mas é de fato o que penso. Todavia, imagino que não será possível concluir o que quer que seja antes do prêmio PEN Club de Tóquio, em setembro do ano que vem. Chegou-me uma carta de Keene; então *Mar inquieto* se tornou um best-seller? Pergunta se *O pôr do sol* também deve se tornar um best-seller, pois recebe ótimas críticas. Sobre *O pôr do sol* me chegaram consultas de editoras

---

84. Referência ao ensaio *A folga dos romancistas*, de Mishima, publicado diretamente em livro em novembro de 1955 pela editora Kodansha.
85. No original, *Jiko Kaizo no Kokoromi*. Ensaio publicado na edição de agosto de 1956 da revista *Mundo Literário*.
86. Refere-se ao romance *Ser uma mulher*, serializado no jornal *Asahi* de 16 de março a 23 de novembro de 1956.

de Estocolmo, Helsinki, Paris e Oslo. Como havia feito o favor de contatar o tradutor de Dazai nos Estados Unidos, parece que estão pensando agora que sou seu *agent*. Aparentemente sairá também a tradução para o francês de meu *Mil tsurus*, baseada na tradução alemã. Mas o que será de obras como *O País das Neves* e *Mil tsurus* uma vez traduzidas para o Ocidente? Ouço dizer que as editoras e os *book reviewers* encontram problemas para interpretar as obras da forma adequada.

Escrevi-lhe desta vez sobretudo para saudá-lo pelas lebres e tartarugas. Estou ansioso para ver *O Pavilhão Dourado* publicado em formato de livro.

Noite de 23 de outubro
YASUNARI KAWABATA

Como me chegam consultas sobre *O pôr do sol* de diversos países, esta noite estou experimentando ler o romance.

Falam de fazer uma volta ao mundo na primavera do ano que vem, mas me pesa a cabeça pensar no cansaço de uma viagem assim asinina e, como ainda devo estar mal de saúde por volta de janeiro, não sei o que será.

Eu já me sentiria feliz se ao menos você também pudesse continuar como membro do PEN.

De Yukio Mishima
Tóquio, Meguro-ku, Midorigaoka nº 2323
Ao sr. Yasunari Kawabata
Kamakura-shi, Hase nº 264

1º de novembro de 1956

Muito obrigado por sua carta. Peço desculpas por continuamente faltar em lhe escrever. Preocupam-me suas dores de estômago; em mim também não raro surgiam tais incômodos quando estava de viagem no estrangeiro, devido ao excesso de gordura e de quantidade dos alimentos, acontecendo de esperar desamparado no quarto do hotel pelo amanhecer, abraçado sozinho ao meu próprio estômago. Embora minha dor de barriga seja um tanto peculiar, que sara por si só se aguento até a manhã seguinte, não encontrei nenhum remédio certeiro. Tsuneari Fukuda diz que inclusive ele sofre constantemente do estômago, um problema de difícil solução, porque seus amigos lhe recomendam apenas bebidas alcoólicas ou exercício, nenhum dos quais são tratamentos que possam ser realizados imediatamente. Será que exercícios leves não seriam a melhor coisa a se fazer? Que tal chamar um aluno da Universidade de Ciências do Esporte do Japão para ajudá-lo com uma ginástica leve todos os dias? Caso lhe apraza a ideia, posso contatar um professor da universidade para deliberarmos com o senhor sobre os melhores horários. Afinal, dizem que neste mundo não há remédio mais benéfico e inofensivo que a ginástica.

Felicito-o pela publicação no estrangeiro de *O País das Neves* e de *Mil tsurus*. Os estadunidenses não são assim tão estúpidos, e creio que entenderão o que precisa ser entendido. Por outro lado, os europeus é que têm a cabeça-dura, e temo que lhes falte uma capacidade de compreensão flexível o bastante para a literatura japonesa. Outro dia me chegou um telegrama de Mark Shorer, que eu havia encontrado no verão passado quando ele estivera de visita ao Japão para um seminário na Universidade de Tóquio. Nele constava que era imprescindível publicar *A estação do sol*[87], em tradução de Donald Keene e pela editora Hercourt, Brace & Co.; estão atualmente em negociação de contrato com Ishihara, e Keene parece estar deveras empolgado com essa tradução. Constava também uma nota: "Ishihara é inofensivo para a camada dos jovens estadunidenses. Isso porque fala de algo que lá todos já realizaram." Dizia ainda que Straus, da Knopf, virá ao Japão por volta de março do ano que vem. Parece que meu *Mar inquieto* saiu na coluna de best-sellers do *New York Times* por apenas uma semana, e em uma semana desapareceu. Cortei laços com o tradutor Weatherby, pois discutia demais sobre assuntos financeiros. Agora precisarei encontrar um novo tradutor. Não chego a crer que todos os estrangeiros sejam neuróticos como Weatherby a respeito de dinheiro.

Desculpe-me por falar apenas de assuntos meus, mas por volta do dia 7 sairá uma edição de luxo de *O Pavilhão Dourado*, uma reluzente edição dourada para novos ricos, de modo que lhe enviarei esta, e não a edição normal do livro. Ainda, a partir do dia 27 de novembro estarei em cartaz com a minha

---

87. Conto de Shintaro Ishihara (1932-), escritor e político que serviu como governador de Tóquio por quatro mandatos consecutivos.

peça *Prédio do bramido dos cervos*[88] no teatro Bungakuza, e não poderia expressar minha felicidade caso o senhor viesse assisti-la. Se me informar o dia de sua conveniência e o número de pessoas, enviarei os ingressos. Os *teenagers* de hoje em dia não conseguem ler os ideogramas do título da peça, tanto que já recebi um telefonema perguntando "quando começam as vendas de ingresso para a *Kameikan*"; há outros, ainda, que parecem pensar se tratar do nome de um hotel.

Se me permite uma indiscrição, mesmo dentre os atores do Bungakuza há um veterano que, ao ser indagado sobre "qual peça entrará em cartaz a seguir?", respondeu *"Nanameikan"* e, vendo que seu interlocutor ficou de boca aberta, fez ele mesmo a contagem nos dedos gentilmente e se corrigiu: "Ah, me enganei. É o *Rokumeikan*".[89]

Deixando isso de lado, o senhor leu "Reflexão sobre a canção da montanha dos carvalhos"[90], na revista *Opinião Pública Central*, que está sendo bastante comentada? É um conto

---

88. Nome de um amplo edifício de dois andares construído no início da Restauração Meiji sob pedido do então ministro das Relações Exteriores, Kaoru Inoue, para receber diplomatas estrangeiros. A construção é um dos símbolos do início da ocidentalização japonesa. O nome do prédio em si fora inspirado pelo *Poema do bramido dos cervos*, de autoria desconhecida e constante no *Clássico de poesia [Shi jing]*, coletânea de poemas chineses. A poesia fala sobre anfitriões que tratam muito bem a seus convidados, comparando-os a um bando de cervos que chamam os companheiros quando encontram um banquete de ervas apetitosas no campo. A poesia tradicionalmente era entoada na China durante banquetes e demonstra grande respeito pelos convidados (motivo pelo qual o termo tornou-se sinônimo de "grande banquete", que seria outra interpretação possível do nome do prédio).
89. *Roku*, como é lido o ideograma de "cervo" no título original, é também a leitura para o número seis. *Nana*, a resposta errada do ator, seria a leitura para o número sete.
90. Conto da autoria de Shichiro Fukazawa (1914-1987).

desagradável, o qual basta ler uma vez para sentir arrepios na pele; sinto-me mal apenas por tocar na *Opinião Pública Central* em que foi publicada a história. Parece que não tardará para ser adaptada em filme; durante sua exibição não poderei sequer passar em frente a um cinema. Penso que uma literatura que causa assim tanta aversão extrapola um tanto dos limites do que deveria ser permitido.

O senhor assistiu ao filme *A gata, um homem e duas mulheres*?[91] Como eu mimo em demasia os gatos, depois de ver o filme minha criada disse: "Shozo é exatamente igual ao senhor, não?"[92] Inclusive agora, enquanto escrevo esta carta, encontra-se dormindo sobre minhas pernas um gato de cerca de quatro quilos, pesado como um haltere.

Bem, não deixe de cuidar da saúde em meio ao frio que se aproxima.

Yukio Mishima

---

91. Filme do diretor Shiro Toyoda, cujo roteiro foi adaptado por Toshio Yasumi a partir do romance homônimo de Jun'ichiro Tanizaki.
92. Shozo, nome do protagonista do romance *A gata, um homem e duas mulheres*, no qual o filme se baseia, é apaixonado pela gata evocada no título.

De Yasunari Kawabata
Kamakura-shi, Hase nº 264
Ao sr. Yukio Mishima
Tóquio, Meguro-ku, Midorigaoka nº 2323

7 de fevereiro de 1957

Há pouco encontrei-me com Mr. Beaton em meio a uma chuva gélida. Fez-me a cortesia de tirar fotos minhas, em frente a um biombo (no vestíbulo) com caligrafia do avô de Daishi[93], por exemplo. Mr. Murray também veio, um dia antes de retornar aos Estados Unidos. Mr. Murray fez com que eu fosse fotografado reclinado sobre a cabeça de Buda das ruínas de Hadda, no Afeganistão.

A exportação cultural através de um rosto miserável como o meu passou a parecer-me peculiar. Seria muito bom se eu ainda fosse jovem como você.

Jinzai[94] parece estar mal, não é?

Mr. Beaton indagou se eu trabalhava a horas determinadas, e minha esposa lhe respondeu que não estou trabalhando, por andar ocupado com o PEN Club. Ele replicou que é melhor evitar isso o máximo possível.

---

93. Refere-se a Daishi Iwaya, crítico literário. Seu avô, Ichiroku Iwaya, foi membro da Câmara dos Pares do Japão e também conhecido como exímio calígrafo.

94. Kiyoshi Jinzai (1903-1957), escritor e estudioso de literatura russa, o qual viria a falecer no dia 11 de março, pouco mais de um mês depois de Kawabata escrever esta carta.

Por volta de abril penso em ir ao exterior para atrair convidados ao PEN Club, mas ultimamente me dói o estômago com a culinária ocidental. É possível que tenha de abandonar tais planos. Ontem à noite comecei a ler suas opiniões sobre meu Oriente e meu Ocidente na *Interpretação e apreciação*[95], e aproveitei para ler tudo. Sinto que lhe causo transtornos com cada texto. Por favor, sinta-se livre para recusar tais pedidos. Não preciso dizer que o congratulo pelo prêmio de *O Pavilhão Dourado*[96], ainda que com atraso. Penso que gostaria de fazer uma visita em conjunto uma vez que venha Mr. Straus. Mande lembranças à sua mãe. Pouco depois de a casa de Yoshie Hotta sofrer um incêndio, subi por acaso no mesmo trem da linha Yokosuka com Shintaro Ishihara, acompanhado pela mãe.

YASUNARI KAWABATA

---

95. Refere-se ao ensaio "O Oriente e o Ocidente de Yasunari Kawabata" [*Kawabata Yasunari no Toyo to Seiyo*], escrito por Mishima e publicado na edição de fevereiro de 1957 da revista *Literatura Nacional: Interpretação e Apreciação*.

96. A obra fora selecionada como a melhor do ano na VIII edição do Prêmio Literário do Jornal Yomiuri.

(Carta expressa)
De Yasunari Kawabata
Kamakura-shi, Hase nº 264
Ao sr. Yukio Mishima
Tóquio, Meguro-ku, Midorigaoka nº 2323

21 de março de 1957

Agradeço-lhe por tudo. Recebendo o telegrama de que lhe será realizada uma festa de recepção no dia 31 deste mês na editora Encounter, estou atualmente lendo ao menos a tradução de sua obra. Encontrei-me para uma refeição com o sacerdote Roggendorf, da Universidade Sofia. Ao falarmos de sua peça, quis saber se você não poderia convidar também a ele, e eu lhe disse que aguardasse empolgado. Ele tomou emprestada a revista *Encounter* para ler. Caso não haja empecilhos, peço-lhe o favor de enviar os ingressos a: Chiyota-ku, Koji-machi Kioi-cho, Universidade Sofia, Prof. Roggendorf.

YASUNARI KAWABATA

Foi-me enviada uma montanha de comentários sobre *Mil tsurus*. Imagino que me demonstrem consideração por lhes parecer exótica a literatura japonesa; de todo modo, a maioria das críticas é inesperadamente positiva. Contudo, têm o mau hábito de pensarem que a obra representa um modelo da literatura japonesa moderna, e parece que são muitos os que acham que a tradutora Sachiko Yashiro seja homem.

De Yasunari Kawabata
Kamakura-shi, Hase nº 264
Ao sr. Yukio Mishima
Tóquio, Meguro-ku, Midorigaoka nº 2323

29 de junho de 1957

Invejo que sua partida esteja próxima. Na primavera do ano que vem também eu desejo partir outra vez dos Estados Unidos para a Europa, mas neste momento estou inseguro porque não consigo imaginar como fazer com as despesas de viagem. Quando estive na Europa me senti livre por completo, porém ao regressar encontrei um "inferno", com a escuridão e o peso do céu da temporada de chuvas. Não posso resistir à umidade, nem psicológica, nem fisiologicamente.

Estive pensando sobre o que poderia lhe oferecer como presente de despedida para sua viagem, mas, por faltar-me sabedoria, incluí com esta carta apenas uma reles contribuição para artigos de uso prático.

YASUNARI KAWABATA

Foi com muita gratidão que recebi sua obra mais recente, *Um vacilo da virtude*, bem como *Britânico* [*Britannicus*].[97] Eu também, uma vez encerrado o prêmio do PEN Club, pretendo virar uma nova página no trabalho.

---

97. Peça teatral de Jean Racine (1639-1699), adaptada para o japonês por Mishima.

De Yukio Mishima
Ao sr. Yasunari Kawabata (em mãos)
Kamakura-shi, Hase nº 264

7 de julho de 1957

Muito obrigado por sua carta do outro dia, assim como pelo presente de despedida assaz inestimável. Visitei-o rapidamente para saudá-lo, porém, visto como não estava, deixo-lhe esta mensagem. É uma lástima que não possa vir novamente, posto que não resta mais tempo nenhum antes de minha partida[98], mas tomarei cuidado para retornar são e salvo.

Sei que o senhor estará bastante atarefado até o término do prêmio do PEN Club, mas, por favor, lembre-se de valorizar a saúde acima de tudo.

Escreverei novamente do além-mar.

YUKIO MISHIMA

---

98. Mishima partiria para os Estados Unidos na noite de 9 de julho de 1957, a convite da editora Knopf.

De Yukio Mishima
Estados Unidos, Nova York, Gladstone
Ao sr. Yasunari Kawabata
Kamakura-shi, Hase nº 264

29 de julho de 1957

É passada uma semana desde que cheguei a Nova York. O senhor e a senhora Straus me são uma grande ajuda. Em particular o marido, que, apesar de ter uma aparência assustadora, é uma boa pessoa, bastante gentil. Haviam me convidado [para][99] sua casa de férias em Connecticut, e lá estive desde sábado, retornando a Nova York esta manhã. Lá encontrei pessoas como Norman Mailer (autor de *Os nus e os mortos*). [Estou] falando bastante a respeito do senhor com Straus. Como alguma coisa em sua casa de férias lembra muito Karuizawa, comentamos que o senhor se alegraria sobremaneira caso aqui viesse.

Como o teatro em Nova York é difícil para mim, comecei a assistir primeiro aos musicais. No entanto, ao [que] chegam as cenas de dança, quedo-me triste com a precariedade do teatro moderno japonês, por ver como aqui todas as mulheres são belas, e como são exuberantes os figurinos.

É mentira dizer que a comida estadunidense seja ruim. Basta estar a comer coisas mais caras ou aproveitar a caridade

---

99. Palavra inferida, uma vez que está ilegível na carta original. O mesmo se dá com outras duas logo abaixo.

de uma comida caseira que de maneira nenhuma se dirá dela ser dissaborosa.

Pois é, em geral estou passando os dias relaxado. Não acontece nada que chegue a ser espantoso de tão interessante. De todo modo, o melhor de tudo é me ver livre das atribulações do Japão.

Imagino que o senhor esteja atarefado com o trabalho no PEN Club em meio ao calor infernal. Não deixe de tomar conta do corpo.

Donald Keene sairá daqui dia 31 rumo ao Japão. Apesar de eu me sentir desamparado com sua partida, não há nada que possa fazer. Andei me encontrando com ele quase todos os dias, e ainda assim ele continua me tratando sempre com sincera gentileza. Quando me canso das conversas em inglês nas festas, é um prazer imenso rir alto enquanto falo abertamente mal dos presentes apenas com ele, em japonês.

Cuido que seja de todo impossível construir um nome para mim em Nova York. Segundo Keene, os nova-iorquinos não se surpreenderiam mesmo que vissem um hipopótamo branco dormindo no acostamento. Encontrei um bom número de celebridades assim insossas, que não se interessam por coisa alguma.

Como sempre, mando lembranças à sua esposa e filha.

Yukio Mishima

P.S.: Continuarei aqui por mais algum tempo, para depois ir à América Central e voltar outra vez a Nova York no outono.

De Yasunari Kawabata
Kamakura-shi, Hase nº 264
Ao sr. Yukio Mishima
Tóquio, Meguro-ku, Midorigaoka nº 2323

21 de dezembro de 1957 [100]

Desde que soube de seu retorno, penso incessantemente em encontrá-lo para conversarmos. Não suporto o arrependimento por ontem à noite haver estado ausente devido ao Prêmio Akutagawa. Todos aqui em casa ficaram muito agradecidos por seu presente. Gostaria de vê-lo assim que tenhamos uma oportunidade, e por isso lhe telefonarei para combinarmos um dia. Para mim também já é difícil conter o desejo de viajar de novo para o estrangeiro. Por favor, descanse bastante depois de tão longa viagem. Por ora lhe escrevo apenas para saudá-lo.

YASUNARI KAWABATA

---

100. A julgar pelo conteúdo da carta, presume-se que na verdade ela tenha sido escrita em 21 de janeiro de 1958. O carimbo de postagem dos correios consta como 22 de janeiro de 1958.

(Carta expressa, para entrega no mesmo dia)
De Yasunari Kawabata
Kamakura-shi, Hase nº 264
Ao sr. Yukio Mishima
Tóquio, Meguro-ku, Midorigaoka nº 2323

30 de dezembro de 1957 [101]

Assista à peça ao menos uma vez, pois, com as letras de música que compus ao estilo de Michiya Mihashi[102], é certo que terá motivos para caçoar de mim.

Kikugo, de Funahashi, começará por volta das 18h, enquanto meu *Som da terra natal*[103] deve começar antes das 21h. Como eu não havia reservado lugares de antemão, terá de escolher algum assento extraordinário, seja na sala da diretoria, seja em um dos assentos das gueixas que saem mais cedo para ir trabalhar.

YASUNARI KAWABATA

---

101. A julgar pelo conteúdo da carta, presume-se que na verdade ela tenha sido escrita em 30 de janeiro de 1958. O carimbo de postagem dos correios também consta como 30 de janeiro de 1958.
102. Michiya Mihashi (1930-1996), cantor de *enka*.
103. Teatro com dança apresentado em janeiro de 1958 no evento Rifukai, da companhia de teatro Nishikawa.

De Yasunari Kawabata
Kamakura-shi, Hase nº 264
Ao sr. Yukio Mishima
Tóquio, Meguro-ku, Midorigaoka nº 2323

9 de fevereiro de 1958

Minhas saudações. Na noite que retornei da peça de Nishikawa recebi *As sete pontes*[104], e passei os olhos de pronto sobre a obra. Conquanto "As sete pontes" seja interessante, "Ator em papel de mulher" e "Um nobre célebre"[105] — assim como seu ensaio sobre Sotatsu[106] pela editora Misuzu Shobo —, pareceram-me soberbos. "Ator em papel de mulher", em especial, agradou-me muitíssimo.

Quanto ao assunto das traduções do outro dia, embora não haja problemas em você fazer uma visita aos membros da Associação dos Escritores ou do PEN Club, por se tratar de um assunto burocrático como reunir traduções para o inglês de contos de diversos países da Ásia, imagino que baste contatar apenas a senhorita Yoko Matsuoka, do PEN Club (por estes dias

---

104. Conto de Mishima publicado em 31 de janeiro de 1958 pela editora Bungeishunju, que viria a ser adaptado para o teatro em outubro do mesmo ano.
105. Contos publicados na revista *Mundo* em janeiro de 1957 e pela revista *Opinião Pública Central* em agosto de 1957, respectivamente.
106. Ensaio sobre o artista japonês Sotatsu Tawaraya (?-?), do início do período Edo, intitulado "O mundo de Sotatsu [*Sotatsu no Sekai*] e constante na edição 114 do periódico *Biblioteca de Belas-Artes em Cores Primárias*, publicado pela referida editora em julho de 1957.

ela mantém seu escritório no sétimo andar do jornal *Asahi*). Vou adiantar o assunto com ela.

Yasunari Kawabata

De Yasunari Kawabata
Kamakura-shi, Hase nº 264
Ao sr. Azusa Hiraoka
Tóquio, Meguro-ku, Midorigaoka nº 2323

2 de julho de 1958

Minhas saudações. Peço perdão por ontem, mas estive ausente por comparecer à reunião mensal do PEN Club. E minha família, desafortunadamente, está de viagem a Hokkaido. No outro dia também, quando seu filho veio com sua família para me ver, mais uma vez a ocasião se revelou infeliz, posto que eu tampouco me encontrava.

Fico profundamente agradecido pelo esplêndido utensílio de prata francês com que o senhor me presenteou ontem.

Sinto-me constrangido, pois já fora uma honra que Kimitake e Yoko[107] houvessem vindo até aqui em minha ausência.

Guardarei o utensílio de prata como lembrança por longo tempo.

Despeço-me aqui, tendo escrito apenas para lhe agradecer.

Dê minhas saudações também à sua esposa.

YASUNARI KAWABATA

---

107. Yukio Mishima e sua esposa.

De Yasunari Kawabata
Kamakura-shi, Hase nº 264
Ao sr. Yukio Mishima
Tóquio, Meguro-ku, Midorigaoka nº 2323

22 de julho de 1958

Expresso minha gratidão pela noite passada.[108] Estive insatisfeito tanto com a atriz principal quanto com outros atores e com o palco, de tal modo que, se me perguntassem, diria que foram destruídas muitas das fantasias que eu havia imaginado ao ler o roteiro. Recebi de Sankichi Asabuki[109] *Diário de um ladrão* [*Journal du Voleur*][110], mas não sei seu endereço; poderia me informar, caso saiba?

YASUNARI KAWABATA

Pareceu-me melhor escrever esta nota antes de incomodá-lo em seu local de trabalho.

---

108. À noite de 8 de julho de 1958, Kawabata fora assistir à peça de Mishima *A rosa e os piratas*, no teatro Bungakuza.
109. Sankichi Asabuki (1914-2001), estudioso japonês de literatura francesa.
110. Romance de Jean Genet, traduzido para o japonês por Asabuki Sankichi.

De Yasunari Kawabata
Nagano-ken, Karuizawa-machi nº 1305
Ao sr. Yukio Mishima
Tóquio, Meguro-ku, Midorigaoka nº 2323

26 de agosto de 1958

Foi com muita gratidão que li esta manhã sua carta perguntando por minha saúde. Eu já havia feito os preparativos para que minha família e os cachorros voltassem de carro, enquanto eu retornaria no trem a vapor, porém, com o anúncio da vinda do tufão, acabamos adiando. Agora são um pouco antes das onze da noite, e não há nada senão notícias sobre o tal tufão; passei o dia inteiro as ouvindo, quase com a mesma disposição daqueles sujeitos aficionados por desastres. Desde que estive acamado em Kamakura no início de agosto, continuei a assistir na televisão tanto a beisebol ginasial quanto profissional, e em Karuizawa, com a aproximação do fim de agosto, para mim o melhor trabalho de todos tem sido ouvir os jogos de beisebol profissional e as lutas de sumô no rádio; cá entre nós, estes têm sido dias realmente bons. Já faz anos que às vezes começa a me doer o epigástrio no meio da noite, o que ultimamente tem se tornado mais frequente; sempre pensei que não passavam de dores no estômago, mas dessa vez um médico das redondezas enfim descobriu que, quando doía, a vesícula biliar estava inchada. Disse-me que o que tenho devem ser cálculos na vesícula. Acho ótimo poder enfim entender o que é essa enfermidade que já carrego comigo por longos anos (apesar de não saber ainda se de fato tenho as ditas pedras). Depois de vir para Karuizawa continuei me sentindo indisposto, com ânsias de vômito, mas há três ou quatro dias melhorei subitamente. Na opinião do médico, seria melhor remover a vesícula biliar, uma vez que, caso deixe sempre as dores se repetirem, há o risco de acabar com um câncer no pâncreas; contudo, creio possuir uma cisma antiga, do ponto de vista da retórica, em manter minha "vesícula".[111] Não obstante, é possível que não apenas ela, mas todos os meus órgãos estejam envelhecidos. Uma pena, pois penso que ainda não tenha feito nada que possa servir de ponto de partida para minha verdadeira obra.

Estive pensando que não poderia deixar de convidar você e sua nova esposa para uma visita, mas acabei me tardando; agora sei que o fato de me parecer uma maçada ter de ir aos Estados Unidos, e também o de não progredir no trabalho, foram ambos culpa de meu corpo. Quando regressar, com certeza não deixarei passar a oportunidade. Já não posso fazer nada se para mim é impossível escrever um texto tal como os seus sobre Sotatsu ou Utae[mon].[112]

Regresso quando acalmar o tufão. Embora você não precise se preocupar com nada, vou deixar avisado a todos que estou doente; peço-lhe que mantenha segredo sobre meu real estado.

Fiquei comovido com o que escreveu sobre sua mãe para a revista feminina.[113] Sinto muito, não imaginava que as coisas chegassem a tal ponto.

---

111. Órgão que, no Japão, também simboliza a coragem ou a força de vontade.
112. A última sílaba está erroneamente omitida no original.
113. Refere-se ao artigo "Falando de minha mãe — Minha maior leitora" [*Haha wo Kataru — Watashi no Saijo Dokusha*], que seria publicado na edição de outubro de 1958 da revista *Vida Feminina*.

Falta pouco para meia-noite, e o vento começou a fazer farfalharem ligeiramente as folhas das árvores sortidas ali fora. Mas são poucas as partes de Shinano pelas quais passa o tufão, fora o fato de este chalé estar cercado por uma floresta que a protege dos ventos. Pode ficar tranquilo. Rezo para que sua casa não sofra nenhum dano. (É quase meia-noite, repete-se o alerta sobre o tufão.)

Keene veio até Kamakura no dia em que ele retornaria aos Estados Unidos. Na ocasião, saí do leito de convalescença. Ouvi que suas peças de teatro estão sendo encenadas em todas as partes.

Mande lembranças minhas a seu pai, sua mãe e sua esposa. Quanto à minha doença, não há problemas; na verdade, é possível mesmo que meu corpo esteja nas melhores condições dos últimos tempos (hoje, por exemplo).

YASUNARI KAWABATA

De Yukio Mishima
Tóquio, Meguro-ku, Midorigaoka nº 2323
Ao sr. Yasunari Kawabata
Nagano-ken, Karuizawa-machi nº 1305

25 de setembro de 1958

Desculpe-me por haver deixado por completo de lhe escrever. Na verdade ouvi de Sugawara, da Shinchosha, que o senhor se encontra em Karuizawa convalescendo devido à sua indisposição; eu mesmo não havia imaginado a situação, de modo que faltei em contatá-lo em busca de notícias sobre sua saúde. Perdoe minha terrível falta de consideração.

Penso que o mais importante é que o senhor se sinta bem como resultado de seu retiro. Meu pai, que no último outono recebera seu cartão de melhoras quando ele próprio esteve doente, bem como minha mãe e esposa, pensam no senhor. Eu recentemente assumi também a função de editor, realizando trabalhos para a *Antologia de fotos de Utaemon*[114] e para a revista *Voz*[115], e estou me coçando de desejo por pedir que o senhor escreva algo para publicarmos, mas devo me conter.

---

114. Mishima editou a antologia que viria a ser publicada como *Utaemon Nakamura VI*, publicada em setembro de 1959, que também continha seu ensaio "Uma introdução a Utaemon Nakamura VI" [*Rokusei Nakamura Utaemon Josetsu*].

115. Mishima publicou a primeira e a segunda partes de seu romance *A casa de Kyoko* na edição inaugural dessa revista em outubro de 1958.

Sei que o senhor esteve preocupado com minha vida de casado, mas me acostumei por completo, e nos últimos tempos já não bebo em excesso nem volto tarde para casa, mas justamente por ter adquirido hábitos um tanto bons em demasia, preocupo-me se isso não me trará problemas no futuro.

Por estes dias encontrei o jovem Shozo Yokomitsu e lhe recomendei que se casasse logo. Pela primeira vez pude entender essa psicologia de quem se irrita ao ver aqueles que estão solteiros, e deseja à força lhes recomendar que se casem; sinto como se eu também houvesse caído vítima dessa armadilha social.

Após seu retorno à capital quero a todo custo lhe fazer uma visita para saber de sua saúde (embora isso possa soar exagerado), e também para pormos a conversa em dia.

Como sempre, mande lembranças também à sua esposa.

Reitero meu desejo de que o senhor se dedique por inteiro à sua recuperação.

Abreviadamente,

YUKIO MISHIMA

(Carta expressa)
De Yukio Mishima
Tóquio, Meguro-ku, Midorigaoka nº 2323
Ao sr. Yasunari Kawabata
Kamakura-shi, Hase nº 264

31 de outubro de 1958

Saudações. Como havia prometido ao senhor no outro dia, conversei com meus pais e agora informo a relação de itens necessários para uma internação hospitalar.[116]

1. Roupas de cama e afins:
   - Dois colchões para pôr sobre o forro de palha da cama
   - Dois cobertores
   - Um edredom
   - Quatro ou cinco lençóis, *** 36 65[117]
   - Travesseiro
   - Quatro ou cinco fronhas
   - *Enza*[118]
   - Roupas de baixo
   - Cinco ou seis roupões (para o caso de suor demasiado)

---

116. Kawabata seria internado em novembro de 1958 no hospital da Universidade de Tóquio. Sua esposa também seria internada no mesmo hospital um mês mais tarde.
117. Aqui há uma palavra ilegível seguida de dois números. Pode-se supor que se trata do tamanho dos lençóis em *sun*, unidade equivalente a cerca de 3 cm (ou seja, lençóis de 109 x 197 cm).
118. Círculo de palha trançada utilizado como almofada para sentar.

- Dez toalhas normais (para o caso de suor demasiado)
- Duas toalhas para o banho
- Duas toalhas de rosto
- Quimono para dormir

2. Higiene e produtos pessoais:
   - Duas bolsas de vinil para embrulho, grandes e pequenas (necessárias para pôr sobre os joelhos na hora das refeições e ao lavar o rosto)
   - Dois ou três varais para pendurar roupas
   - Bolsa de gelo
   - Aquecedor de mãos
   - Duas bolsas de água quente
   - Tesoura e cortador de unhas
   - Faca
   - Linha e agulha
   - Conjunto de utensílios para lavar o rosto (pasta de dente, escova de dente, bacia, sabonete, navalha)
   - Sabão para lavar roupa
   - Um balde
   - Dois panos de chão
   - Jornais velhos em grande quantidade
   - Lenços de papel
   - Espelho
   - Alfinetes de segurança
   - Alguns chinelos
   - Lixeira para a pia
   - Penico
   - Urinol

3. Utensílios para cozinha, para visitantes, e outros:
   - Dois ou três panos
   - Conjunto de utensílios para o chá (bule e tigela)
   - Pote para doces
   - Garrafa térmica
   - Coçador de costas
   - Hashis, em grande quantidade
   - Conjunto de duas ou três bandejas
   - Cinzeiro e fósforos
   - Tigela para colocar arroz (para o paciente)
   - Tigela (para o paciente)
   - Alguns pratos (para o paciente e visitantes)
   - Alguns copos
   - Palitos de dentes
   - Chaleira
   - Alguns potes com tampa para comida (para quando forem abertos enlatados, etc.)
   - Colheres de sopa (para o paciente e visitantes)
   - Colheres de chá (para o paciente e visitantes)
   - Copo com bico de sucção (para o paciente)
   - Sal de cozinha
   - Açúcar
   - Molho de soja
   - Ajinomoto
   - Alga *nori* assada
   - Damascos em conserva
   - Chá-preto
   - *Bancha*[119]

---

119. Chá-verde de baixa qualidade.

- 1,5 kg de arroz (para quando for preciso fazer papa repentinamente)
- Vasilha para jogar água fora
- Abridor de latas
- Faca para frutas
- Saca-rolhas
- Ralador
- Escova de limpeza
- Uma panela média e uma pequena (para aquecer sopa ou leite, ou para preparar caldo)
- Uma grelha para peixes
- Uma frigideira
- Tábua pequena de cortar e faca de cozinha
- Luminária de mesa (para lâmpadas pequenas e médias)
- Alguns vasos de grande porte (para flores trazidas por visitantes)
- Cinco ou seis almofadas para sentar
- Três tapetes de junco
- Três ou quatro cadeiras dobráveis

(A entrega pode ser feita pela loja de departamentos Matsusakaya [sic][120] em Ueno ao quarto do hospital. Cada cadeira custa cerca de quinhentos ou seiscentos ienes.)

Parece que a maioria dos itens acima pode ser arranjada pela Matsusakaya [sic] em Ueno (fechada às segundas). O senhor pode comparecer à loja mesmo no dia anterior à internação, designar um dos gerentes do departamento de utilidades

---

120. O nome correto da loja é Matsuzakaya.

domésticas e realizar todas as compras enquanto recebe orientação dele.

Meu pai sugere que o melhor seria nós ligarmos para o gerente imediatamente a partir de sua internação e pedir então que façam a entrega ao hospital de imediato.

Isso porque mesmo um quarto pré-reservado é mantido trancado até o paciente ser internado, então só é possível levar os artigos depois da entrada no hospital.

Minha mãe diz que, caso não haja empecilhos para o senhor, ela gostaria de acompanhá-lo para ajudar o senhor quando sair para comprar os itens acima.

Ainda, dentro do hospital há refeitório, quitanda, farmácia, armazém, loja para aluguel de televisores, barbearia, etc. Embora os televisores de aluguel não sejam muito bons, parece haver a vantagem de pouca burocracia e a facilidade dentro do próprio hospital para se conseguir instalar antena, etc.

Imagino que o senhor preferirá ter suas refeições preparadas em casa, sem precisar recorrer às do hospital. Com meu pai costumávamos dar a refeição disponibilizada pelo hospital aos pacientes à enfermeira. Ela ficava bastante feliz por poder economizar um pouco com gastos de alimentação.

Minha mãe ficará contente se puder ajudá-lo na ocasião de sua internação com as enfermeiras e com outros assuntos de seu agrado.

Termino aqui meu relato sobre a experiência de internação de meus pais; por favor, não me tenha em má conta e me perdoe caso eu tenha sido petulante em relação a algum ponto.

Tanto meus pais quanto minha esposa têm os pensamentos voltados apenas à sua saúde, e rezamos para que o senhor se recupere o mais rápido possível.

Yukio Mishima

De Yukio Mishima
Tóquio, Meguro-ku, Midorigaoka nº 2323
Ao sr. Yasunari Kawabata
Kamakura-shi, Hase nº 264

5 de fevereiro de 1959

Muito obrigado por sua carta. Peço perdão por, desde aquele dia, não voltar a contatá-lo; não soube quando o senhor teve alta, por isso não compareci para ajudar, negligência indesculpável deste seu ajudante da Associação dos Domésticos Viris.[121]

Alegro-me de coração por sua alta. Soube que se pode aguardar para fazer a cirurgia quando a ocasião for propícia, e quiçá até haja certa elegância no fato de o senhor seguir conservando seu jardim de pedras do templo Ryoanji. De todo modo, penso que seja ótimo que o senhor tenha podido desvendar a causa do problema e tomado o tempo necessário para se recuperar. Nós também nos tranquilizamos deveras.

Tranquilizei-me ainda ao ouvir que sua esposa não corre riscos, embora imagine que decerto deva ser inconveniente que ela sozinha permaneça no hospital. Caso o senhor sinta falta de qualquer coisa, por favor, não hesite em dizer.

Quanto à minha situação nos últimos tempos, todos aqui em casa gozam de excelente saúde, e já passei da metade do

---

[121]. Associação criada em 1955 em Kamakura reunindo trabalhadores homens que podiam ser contratados para serviços domésticos ou de reparo, ou como ajudantes para tarefas em geral.

livro[122] que estou por publicar, podendo enfim prever que o finalize por volta de julho, o que me permite respirar aliviado. Quando faço progresso no livro, penso que "não há nada melhor do que isso", mas basta empacar um pouco para mudar de ideia — "não há nada mais árduo que isso" —, e assim vou me equilibrando nessa gangorra emocional permanente, o que me faz imaginar que, sem dúvida, são muitas as escaladas no caminho rumo às mil páginas.

Sei que o senhor me havia dito para "cevar um pouco mais e transformar em livro" o meu "Manual de estilo"[123], mas infelizmente não tive tempo para tanto, e acabarei tendo-o publicado em livro havendo somente retocado algumas passagens com ares de estenografia. Evidentemente incluirei o capítulo "Respondendo a perguntas".

Ouço dizer que, nos Estados Unidos, minhas *Cinco peças de nô moderno*, traduzidas por Keene, venderam setenta(!) cópias. Em compensação, meu *Confissões de uma máscara* traduzido por Weatherby já se aproxima dos cinco mil exemplares vendidos. Como era de imaginar, peças de teatro também têm pouca saída nos Estados Unidos.

Creio que devo me mudar a minha casa nova no bairro de Omori, atualmente em construção, por volta de maio. Mas estou tendo problemas em encontrar os móveis que desejo, portanto imagino que poderei convidá-lo somente

---

122. Mishima terminara de escrever a primeira parte de *A casa de Kyoko* em 4 de janeiro de 1959, começando a escrever a segunda parte no dia seguinte. Ambas as partes seriam publicadas juntas pela editora Shinchosha em setembro do mesmo ano.
123. Ensaio publicado como anexo da revista *Opinião Pública Feminina* em janeiro de 1959, e que seria publicado em forma de livro pela Chuokoronsha em junho do mesmo ano.

no verão. É uma habitação excêntrica, gostaria muito que o senhor a visse.

Bem, quando nos encontrarmos por estes dias ficarei feliz em lhe contar muito mais.

Abreviadamente,

YUKIO MISHIMA

De Yasunari Kawabata
Kamakura-shi, Hase nº 264
Ao sr. Yukio Mishima
Tóquio, Meguro-ku, Midorigaoka nº 2323

16 de abril de 1959

Minhas saudações. Recebi com muita gratidão a tradução em inglês de *O Pavilhão Dourado*.[124] Creio que o resultado seja motivo de grande regozijo. Havia tempos eu vinha pensando que essa obra era a que mais clamava por uma tradução em língua estrangeira, e agora é aguardar a reação que suscitará. Senti-me aliviado ao ver que, à parte o desenho do embrulho, a edição em si ficou formidável. A moça da ilustração dentro do livro parece a mesma dos meus *O País das Neves* e *Mil tsurus*; será uma nissei ou sansei? Recebi um convite do Escritório de Programas de Intercâmbio do Departamento de Estado estadunidense perguntando se eu não gostaria de passar dois meses lá ainda este ano, mas não sei o que responder, devido ao punhado de seixos que trago na barriga. A única coisa que me poderia distrair no momento seria justamente uma viagem de lazer ao exterior. Graças a suas preces minha esposa também melhorou, tanto que ontem, após comparecer à celebração do príncipe regente[125], pousou em Kamakura e, apesar de retornar

---

124. Tradução por Ivan Morris, publicada em abril de 1959 pela editora Knopf sob o título *The Temple of the Golden Pavilion*.
125. O então príncipe herdeiro, Akihito, havia se casado em 10 de abril de 1959.

hoje ao hospital depois de ver as danças de Azuma, terá alta em breve. Esteve cerca de cinco meses internada.

    Sua mãe não teve mais problemas desde a outra vez? Diga-lhe, por favor, que se cuide bastante.

Yasunari Kawabata

De Yasunari Kawabata
Nagano-ken, Karuizawa-cho nº 1305
Ao sr. Yukio Mishima
Tóquio, Ota-ku, Magome-Higashi 1, nº 1333

20 de setembro de 1959

Minhas saudações. Regressei a Kamakura por dezesseis dias para ver a prévia do filme *Trajetória em noite escura*[126], além de outros motivos, e me senti constrangido por receber um presente seu celebrando a senhorita Noriko.[127] Atraso-me para a data limite de entrega de meus manuscritos e ainda por cima recebo sempre adiantamentos: perdoe meu péssimo hábito. Li em seu diário[128] na *Nova Maré* que você completou três grandes trabalhos; tenho a sensação de que eu jamais poderia realizar uma tarefa hercúlea dessas. Peço desculpas por lhe causar mais transtornos com o volume da *Coletânea completa*[129] da Shinchosha. Mas saiba que, ainda que não o demonstre, de coração lhe dispenso sempre especial atenção. Li em edição

126. No original, *An'ya Koro*. Filme de 1959 dirigido por Shiro Toyoda, baseado na obra homônima de Naoya Shiga.
127. Noriko Hiraoka (1959-), primogênita de Mishima nascida a 2 de junho de 1959.
128. "Nudez e vestimentas: um diário" [*Ratai to Isho: Nikki*], ensaio em forma de diário publicado na revista em questão entre abril de 1958 e setembro de 1959.
129. Mishima escrevera o ensaio "Reexplicando Yasunari Kawabata" [*Kawabata Yasunari-shi Saisetsu*] para o volume 30 da *Coletânea completa de literatura japonesa*, que continha uma seleção de textos de Kawabata, publicado em julho de 1959 pela editora Shinchosha.

recente de uma revista semanal que Audrey Hepburn caiu da cama no meio da noite devido às dores dos cálculos na vesícula, e outra vez me molestou a ideia de que ainda tenha que ser aberto para que removam as pedras de mim. Na primavera passada[130] estou pensando que [seria][131] bom ir aos Estados Unidos ou Brasil, e passar ainda pelas Olimpíadas em Roma.

YASUNARI KAWABATA

---

130. Presume-se que o autor quis escrever "na primavera seguinte".
131. Palavra inferida, omitida no original.

De Yukio Mishima
Osaka
Ao sr. Yasunari Kawabata
Kanagawa-ken, Kamakura-shi, Hase nº 264

5 de outubro de 1959

Obrigado por sua carta. Atualmente me encontro em Osaka para uma festa e sessão de autógrafos da editora Shinchosha. É uma viagem tranquila e prazerosa, como não fazia há tempos. Posto que vim sem trazer trabalho comigo, sinto como se estivesse no exterior. Ultimamente andei por demais atarefado. Mesmo eu quedei-me atingido pelo clima estafante do último verão. Sentia que não queria fazer trabalho algum.

Minha mãe agora está ancorada ao hospital para realizar um exame detalhado da glândula tireoide e, terminando isso, acredito que poderão administrar remédios mais cientificamente adequados à sua condição, de modo que seus hormônios logo deverão atingir o equilíbrio. Apesar de em geral odiar a ideia de ser internada, depois que entrou no hospital passa tranquila e bastante alegre, escapando às vezes para ir escondida às lições de *nagauta*[132]; parece estar aproveitando deveras.

Consegui também vender minha antiga casa em Midorigaoka, da qual por largo tempo tive problemas para me desfazer, e pude agora sossegar um pouco.

---

[132]. Canto tradicional japonês que acompanha o teatro kabuki.

Na verdade li recentemente seu ensaio[133] sobre o sonífero no anexo semanal do jornal *Asahi* e me inquietei em bom grado; inclusive Seiichi Funahashi, com quem me encontrara por acaso, disse se preocupar com sua saúde ao ver o conteúdo do texto. Talvez isso seja assaz indiscreto de minha parte, mas creio que seria imensamente bom se o senhor se dedicasse desde já e com afinco aos cuidados com o corpo e ao tratamento de sua saúde.

Minha esposa e a neném passam bem, a ponto de eu poder assegurar que estão até saudáveis em demasia, portanto o senhor não precisa se preocupar conosco. Ando inquieto, pois, sempre que minha filha olha para o meu rosto, põe-se a rir descontrolada.

Como tem passado sua esposa ultimamente? Diga-lhe que pedi notícias.

Bem, não deixe de se cuidar bem em meio à friagem do outono.

Yukio Mishima

---

133. Ensaio "Remédio para dormir" [*Nemurigusuri*], publicado no anexo semanal do jornal *Asahi* em 1º de setembro de 1959.

De Yasunari Kawabata
Kamakura-shi, Hase nº 264
Ao sr. Yukio Mishima
Tóquio, Ota-ku, Magome-Higashi 1, nº 1333

13 de outubro de 1959

Fico agradecido por sua carta de Osaka, bem como por sua preocupação de sempre para comigo. Gostaria de visitá-lo uma vez para observar o porquê de a senhorita Noriko estar tão risonha. Eu pensava que já não havia mais motivos para preocupação com sua mãe; diga-lhe que se cuide, por favor. Este ano fui a Karuizawa determinado a largar os soníferos, mas em agosto a quantidade de visitas que recebi foi tão grande que não obtive sucesso. Creio que talvez se trate daquilo de que fala a notícia do jornal desta manhã (jornal *Sankei*), "O aterrorizante sonífero V (Valamin)". Em resumo, os soníferos podem vir a causar os mesmos efeitos que narcóticos ou remédios para despertar, o que me causa temor. Certa vez até escrevi e enviei uma carta para Yasuko Harada depois de ingerir um sonífero, o que foi um grande erro (conquanto o texto em si estivesse decente, acredito). Em respeito também a suas indicações, dedicar-me-ei de corpo e alma a meu restabelecimento.

Ao deixar Karuizawa em 30 de setembro vi que me havia chegado *A casa de Kyoko*. Porém, ainda estou a ler duas provas de granel a fim de escrever os prefácios.[134] Então, não pude

---

134. Kawabata estaria escrevendo textos de recomendação das obras *O conto de Karuizawa*, de Akira Nogami, e *Uma conversa entre o vento e as*

começar a me dedicar à sua obra. Estou esperando para terminar logo os prefácios, peço seu perdão.

Minha esposa está na clínica de medicina interna Okinaka, com uma enfermidade (?) que não se sabe bem definir, mas que chamam de "Caso clínico nº 1 (Japão)", e sintomas leves aparecem vez ou outra. Eu estava pensando em até maio do ano que vem ir aos Estados Unidos, à América do Sul e de lá para as Olimpíadas em Roma, mas não sei o que será.

YASUNARI KAWABATA

árvores, de Hisao Sawano.

De Yasunari Kawabata
Kamakura-shi, Hase
Ao sr. Yukio Mishima
Tóquio, Ota-ku, Magome-Higashi 1, nº 1333

11 de dezembro de 1959

Minhas saudações. Recebi suas iguarias com ainda mais gratidão que o utensílio de prata. Perdoe minha indelicadeza por não ter tido muito assunto na outra noite e me resignar apenas à admiração de sua loquacidade e da de Takami.

Este sábado vou mais uma vez a Kyoto com Fujita, da *Opinião Pública Central*. Pretendo, no ano que vem, alojar-me temporariamente em Kyoto para apreciar por algum tempo a região. Tenho também o projeto de, se for possível, experimentar escrever sobre os tempos da *Nova coletânea de poemas antigos e modernos* ou sobre o período Higashiyama, mas você sabe como sou preguiçoso.

No dia 15 passo primeiro em Tsuge, na cidade de Ise, para a cerimônia de inauguração do monumento literário em homenagem a Riichi Yokomitsu, e depois retorno para casa.

Nessa viagem carregarei um cobertor elétrico, para não precisar temer o frio da planície em meio às montanhas.

Envie também minhas saudações a seus pais e à sua esposa.

YASUNARI KAWABATA

De Yukio Mishima
Tóquio, Ota-ku, Magome-Higashi 1, nº 1333
Ao sr. Yasunari Kawabata
Kamakura-shi, Hase nº 264

18 de dezembro de 1959

    Muito obrigado por sua carta do outro dia. Hoje, mais uma vez, na ocasião em que sua esposa veio nos dar a honra de sua visita, desafortunadamente estávamos todos ausentes, portanto peço perdão por não haver podido recebê-la. Chegaram os esplêndidos presentes para Noriko, e de pronto pusemos em seu berço o fascinante cachorrinho cor-de-rosa, ao que ela deu gritinhos de alegria. Também recebemos a linda roupinha que com frequência se vê os bebês usando nos filmes estadunidenses, e todos se alegraram enormemente, desde a presenteada até sua avó e sua mãe, tendo esta inclusive ficado saltitante, dizendo que não podemos deixar de vesti-la assim da próxima vez que sairmos. Agradecemos de coração por regalos tão considerados.

    Eu havia ouvido de Shimanaka que o senhor pretendia ir a Kyoto a fim de coletar material para uma obra da Idade Média. Como o senhor vem dizendo desde o fim da guerra que gostaria de escrever uma história do período de Yoshimasa, aguardo com ansiedade, contando os dias para quando poderei ler essa sua obra.

    Na recente mesa-redonda pude ver que o senhor estava com boa tez e compleição saudável, o que me tranquilizou sobremaneira. De uns tempos para cá debocham de mim onde quer que eu vá devido ao trabalho de ator[135]; depois de tanto tempo, a sociedade enfim começou a me dar medo (o digo por brincadeira).

Está decidido pela crítica que *A casa de Kyoko*, essa obra na qual trabalhei por mais de um ano, foi uma grande falha minha, e começa a me incomodar o assunto. Não quero medir o valor de meu trabalho pelo esforço dedicado, contudo, quando o esforço é grande, a decepção também o é, e penso que não vale a pena despender tanta energia. Para a obra[136] que será serializada na *Opinião Pública Central* pretendia trabalhar assim "relaxado, relaxado", mas sucede que, uma vez que me ponha a escrever, não consigo fazê-lo. Quanto mais coleto histórias ocultas sobre o restaurante tradicional Han'nyaen, que serve de cenário para essa obra, mais elas me parecem interessantes, embora seja possível que eu nem sequer as utilize. Na verdade penso que seria bom descansar por cerca de um ano, mas, estando no Japão, não posso fazê-lo.

No início do ano terei outra peça[137] curiosa em cartaz no Bungakuza, destarte, caso o senhor consiga alguma folga, me avise que lhe enviarei os ingressos. Apesar de eu estar ansioso pela dança espanhola que estará em cartaz, quanto a Yves Montand, assim como o Teatro de Arte de Moscou, oponho-me em absoluto, e em meu íntimo tenho a intenção de não ir.

Bem, como sempre mande saudações também à sua esposa. Desejo-lhes desde já um Feliz Ano-Novo.

YUKIO MISHIMA

---

135. Em novembro de 1959, Mishima firmou contrato como ator com o estúdio Daiei. No ano seguinte ele estrelaria o filme *Sujeito vento seco* [*Karakkaze Yaro*], conhecido em inglês pelo título *Afraid to Die*.

136. A obra *Depois do banquete* seria serializada no periódico de janeiro a outubro de 1960.

137. Refere-se à peça *Árvore tropical*.

De Yukio Mishima
Nova York, Estados Unidos
Ao sr. Yasunari Kawabata
Japão, Kamakura-shi, Hase nº 264

24 de novembro de 1960

Desculpe a falta em lhe escrever desde minha partida. Relaxei por quatro dias em Honolulu, afrouxando minhas próprias rédeas o mais que pude. Já em São Francisco, por dois dias me diverti o mais que pude, e minha esposa, que lá se deu conta pela primeira vez de que havia chegado ao Ocidente, arrebatou-se enormemente. Em Los Angeles, por infortúnio, alojei-me no mesmo hotel que servia de base das eleições para o Partido Republicano, juntamente com Nixon, motivo pelo qual o serviço de restaurante esteve absurdamente lento, com o hotel inteiro fervendo em alvoroço em função das eleições, e acabei me queimando com o vapor dessa fervura. A Disneylândia, entretanto, foi muito divertida, levando-me a pensar como pode haver um lugar assim no mundo. Apesar de já se passarem duas semanas desde que chegamos a Nova York, como o senhor já sabe o cotidiano aqui é repleto de compromissos, não restando tempo nem para tirar uma sesta.

Encontrei-me com Sei Ito[138], e ele também me contou que, sob conselho do senhor, está cuidando da saúde por meio do

---

[138]. Sei Ito (1905-1969), novelista japonês. Ele havia se transferido para os Estados Unidos em outubro de 1960 a convite da Universidade de Columbia.

hábito da sesta. Com Ariyoshi[139] não pude me encontrar, pois parece que ela foi para a Europa. De todo modo, como o Hotel Astor fica situado bem no centro da Times Square, mesmo ao voltar tarde da noite para meu quarto ainda são muitas as pessoas que caminham do lado de fora, chegando a dar pena ter de me recolher. Encontrei-me com Greta Garbo na casa de Faubion Bowers, o que foi para mim uma enorme emoção. Em 2 de dezembro parto para a Europa, embora Nova York pareça mesmo me cair muito bem.

Como sempre, mande lembranças também à sua filha e à sua esposa, por favor.

YUKIO MISHIMA

---

139. Sawako Ariyoshi (1931-1984), novelista japonesa. Ela havia começado a estudar no Sarah Lawrence College em Nova York, a convite da Fundação Rockfeller, em novembro de 1959, mas em agosto de 1960 partiu para a Europa e para o Oriente Próximo e Oriente Médio, visitando onze países antes de retornar ao Japão em novembro do mesmo ano.

De Yasunari Kawabata
Kyoto, Shimogamo
Ao sr. Yukio Mishima
Tóquio, Ota-ku, Magome-Higashi 1, nº 1333

23 de abril de 1961

Perdoe-me pela minha limitação de tempo no outro dia, durante a reunião geral a respeito da escolha da nova diretoria e de outros assuntos (embora não tenham ocorrido muitas mudanças nas funções dos membros). Ouvi de Serizawa as circunstâncias gerais do Comitê de Expressão da Associação dos Escritores do Japão. Imagino que na reunião da nova diretoria do PEN Club deverão tomar o mesmo posicionamento da Associação dos Escritores. A reunião ocorrerá no próximo dia 28, quando se dará a reeleição do presidente; penso em ceder a posição para outra pessoa, mas não creio que haverá nenhuma mudança no posicionamento quanto ao caso de *Após o banquete* [sic][140] somente porque outra pessoa vá assumir o cargo. Ademais, eu permanecerei como um dos diretores. Serizawa disse que "a vitória de Mishima está garantida", mas será verdade? Naquele dia, no início de abril, tive de regressar

---

140. Kawabata menciona aqui a obra com uma caligrafia diferente do título original, por equívoco, motivo pelo qual a tradução foi alterada em relação a *Depois do banquete*. O caso mencionado se refere ao processo judicial iniciado pelo então ex-ministro do Exterior Hachiro Arita, que acusou Mishima de invasão de privacidade, posto que ele fora usado como modelo para o personagem da obra. No dia 15 de abril de 1960, Mishima compareceu ao Comitê de Expressão da Associação dos Escritores do Japão para explicar o litígio.

de Kyoto antes de poder ver todas as flores da primavera, e da próxima vez terei de regressar antes de ver todo o verde de começo de verão. Depois de ficar decidida a questão do novo presidente irei rapidamente a Niigata, pretendendo voltar a Kyoto na sequência. Há muitos lugares onde se pode caminhar por volta de Kyoto e Nara, e também ajuda o fato de não ser tão assustador o trânsito de carros. Quanto ao litígio, também farei tudo que estiver ao meu alcance. Caso seja necessário pedir que você compareça à reunião de diretores do PEN Club para explicar a situação geral, conto com sua colaboração.

YASUNARI KAWABATA

De Yasunari Kawabata
Kyoto, Kiyacho 2-jo, sentido sul (residência alheia)
Ao sr. Yukio Mishima
Tóquio, Ota-ku, Magome-Higashi 1, nº 1333

27 de maio de 1961

Minhas saudações. Peço perdão por não haver sido possível chegar a uma conclusão apesar de seu comparecimento ao PEN Club[141] no outro dia. É evidente que tanto a Associação dos Escritores quanto o PEN Club estão ao seu lado, mas talvez seja melhor neste momento não realizar nenhum pronunciamento nem emitir nenhuma resolução apressada. Imagino que isso sem dúvida será feito quando chegar o momento oportuno. Pois bem, conquanto eu sinta muito estar sempre o importunando, gostaria de falar novamente do Prêmio Nobel. Creio que seria pouco perspicaz, sob muitos sentidos, limitar-me a enviar um único telegrama (mesmo que não haja esperanças de ganhar), e por isso mesmo lhe peço: não me importo que seja bem simples, mas você concordaria em escrever-me uma recomendação? Vou pedir que enviem seu texto à Academia, juntamente com outros documentos necessários, depois de tê-lo traduzido para o inglês ou francês. Encerro aqui meu pedido despudorado. No dia 30 que segue vou ver o Festival da Lua Cheia de maio em Kurama e depois regresso.

YASUNARI KAWABATA

---

141. Mishima compareceu em reunião do PEN Club para explicar o caso judicial referente a *Depois do banquete*.

De Yukio Mishima
Tóquio, Ota-ku, Magome-Higashi 1, nº 1333
Ao sr. Yasunari Kawabata
Kamakura-shi, Hase nº 264

30 de maio de 1961

Muito obrigado por sua carta.

No outro dia recebi uma grande ajuda no PEN Club, e fico profundamente agradecido pela consideração que o senhor me teve. É reconfortante que todos estejam do meu lado, e isso me tranquiliza.

Pois bem, quanto ao Prêmio Nobel, embora eu pense que seja antes uma inconveniência para o senhor contar com um texto simplório como o meu, deixando-me convencer por suas palavras, compus um esboço[142], ainda que presunçoso, e o incluí neste envelope. Não haverá maior felicidade para mim neste mundo caso lhe seja útil em algum grau. Ainda, caso o senhor necessite de qualquer outra coisa além disso, por favor, não deixe de me avisar.

Nos últimos tempos acabei relaxando bastante; quando acontecem eventos em demasia, as pessoas parecem se tornar um tanto insensíveis. Mas graças aos céus minha família toda passa bem.

Perguntando pelo senhor, ouvi que sua esposa está de partida para a União Soviética e, conhecendo-os há tanto tempo,

---

142. Refere-se à recomendação para o Prêmio Nobel, escrita diretamente em inglês e reproduzida aqui, no final deste livro (página 203).

fiquei boquiaberto com a intrepidez de sua família. Penso ser uma notícia assaz divertida, se me perdoa a indiscrição — com o senhor nos Estados Unidos e sua esposa na União Soviética, é como se vocês pedissem a atenção do público do mundo inteiro.[143]

Eu gostaria muito de estar presente para me despedir no dia de sua partida.

Bem, minhas saudações à sua esposa.

Abreviadamente,

YUKIO MISHIMA

---

143. Mishima emprega aqui uma expressão comum no teatro kabuki, utilizada para anunciar o início do espetáculo, que literalmente significa "de leste a oeste", referindo-se ao público que se encontra em ambas as alas do teatro.

De Yasunari Kawabata
Kamakura-shi, Hase nº 264
Ao sr. Yukio Mishima
Tóquio, Ota-ku, Magome-Higashi 1, nº 1333

7 de abril de 1962

Minhas saudações. Achei sua caligrafia no início da antologia da Shueisha[144] excepcional, fabulosa, tanto que fiquei com vontade de pedir que escrevesse também para mim. Estou lhe mandando papel para que me redija as mesmas palavras, por favor. Se bem que, no meu caso, penso já estar demasiado tarde para cuidar do corpo. Minha enfermidade atual é terrível, pois devo temer a possibilidade de perda de memória. Não bastasse, trago um pouco dormentes as solas dos pés. Todavia, amanhã vou a Kyoto para ver a primavera, e pretendo caminhar também por onde havia antigamente a casa do Lorde Teika.

Ontem tive uma conversa com Seidensticker na rádio para uma transmissão internacional, e ouvi que ele retornará aos Estados Unidos no verão.

YASUNARI KAWABATA

---

144. Refere-se a um excerto do livro *Ocultado pelas folhas*, de autoria de Tsunetomo Yamamoto, que fora incluído com caligrafia de Mishima na folha de rosto da *Antologia de Yukio Mishima*, publicada em março de 1962 pela editora Shueisha como o 33º volume da *Coletânea completa da nova literatura japonesa*. O excerto é como segue: "Entre os ensinamentos do Lorde Teika, dizem constar que a maestria da poesia japonesa reside no cuidado com o corpo."

De Yasunari Kawabata
Kamakura-shi, Hase nº 264
Ao sr. Yukio Mishima
Tóquio, Ota-ku, Magome-Higashi 1, nº 1333

17 de abril de 1962

Independente do que diga sua mãe, sua caligrafia é fabulosa. Quando chegar o dia em que ela aprove sua caligrafia, eu já não viverei neste mundo, mas estarei sendo perseguido pelos demônios no inferno, sem mais chance de cuidar do corpo.

Espantei-me com o *Diário de um velho louco*, uma obra-prima digna de servir de testamento (ainda que não o diria a outros ouvidos que não os seus). Já comentei isto com Mitsuo Nakamura, mas a última parte da serialização não foi um tanto desnecessária, como pôr pernas em uma cobra? Contudo, não agradou a Tanizaki matar o velho. Nakamura teorizou que ele não pôde suportar a ideia de matá-lo.

É curiosa a ineficiência do comitê de indicação para o Prêmio Nobel. Até de Paris chegaram cartas dizendo que escritores franceses, que não aparentam ser muito empolgados com a literatura japonesa, dessa vez apoiam nosso candidato. De todo modo, imagino que o prêmio será adiado para a sua geração.

Deixo-lhe meus parabéns pelas boas notícias. Tome boa conta de sua esposa.

YASUNARI KAWABATA

Amanhã eu vou novamente para Kyoto.

De Yasunari Kawabata
Kamakura-shi, Hase nº 264
Ao sr. Yukio Mishima
Tóquio, Ota-ku, Magome-Higashi 1, nº 1333

4 de maio de 1962

Fiquei deveras contente ao regressar de Kyoto e encontrar seu escrito e sua antologia de peças teatrais.[145] Não obstante haver feito com que você me escrevesse este "cuidar do corpo" com certo grau de coerção, sua caligrafia está esplêndida. Agradeço-lhe por satisfazer meu desejo. Caso ainda esteja em tempo, esforçar-me-ei por "cuidar do corpo". Eu estava aguardando a publicação de sua antologia de peças para pedir à Shinchosha que não deixasse de me enviar uma cópia, mas acabei recebendo-a antes de você; não tenho palavras para lhe agradecer.

Sua esposa deu à luz[146] em segurança? Diga-lhe que cuide bem da saúde.

YASUNARI KAWABATA

---

145. *Antologia completa de peças de Yukio Mishima*, publicada em março de 1962 pela editora Shinchosha.
146. O segundo filho de Mishima, Iichiro, nasceu em 2 de maio de 1962.

De Yasunari Kawabata
Karuizawa nº 1305
Ao sr. Yukio Mishima
Tóquio, Ota-ku, Magome-Higashi 1, nº 1333

23 de setembro de 1963

Recebi ontem o seu *O marinheiro que perdeu as graças do mar*, que me foi reenviado de Kamakura. Comecei a ler ontem tarde da noite e terminei hoje; invejo sua argúcia e penso que gostaria de me inspirar em você, mas nunca poderei atingir seu patamar. Li novamente faz alguns dias seu ensaio sobre Fusao Hayashi. Seiden[sticker] e eu concordamos, um dia desses, que você se tornou um crítico literário sem igual na atual geração. Quando me encontrei por aqui com Shohei Ooka, ele me disse que se divertira. Pois façamos de novo, respondi-lhe.

Entre as montanhas a temperatura caiu a quase zero, com ares de inverno. Regresso no fim do mês. Pensava em cuidar do corpo caminhando como um velho ermitão pelo vilarejo já sem vivalma, mas a transição do outono para o inverno é muito rápida.

Também não tenho dinheiro para uma viagem ao exterior neste outono. Contudo, ainda não desisti, e não posso excluir a possibilidade de partir para a Itália ou para a Grécia assim sem planos, como no passado.

YASUNARI KAWABATA

De Yukio Mishima
Tóquio, Ota-ku, Magome-Higashi 1, nº 1333
Ao sr. Yasunari Kawabata
Kamakura-shi, Hase nº 264

4 de outubro de 1963

Olá, venho agradecer-lhe sinceramente a inesperada e adorável bolsa que o senhor enviou de presente para minha filha de Karuizawa, a qual recebi hoje. Ela está saltando e cabriolando pela casa em grande alegria, dizendo que quer logo usá-la no piquenique que será realizado pelo jardim de infância. Fico embaraçado por sua consideração que se estende até a meus filhos.

Obrigado também pela gentil carta que o senhor me enviou recentemente. Sinto-me apequenar por sua bondade em ler uma reles obra minha quando o senhor anda tão ocupado.

Depois da reunião editorial[147] do verão passado, acabei com a mesma impressão que Ooka, de que, apesar de ser um literato, já fazia muitos anos que não falava tanto sobre literatura. Renovou-se ainda em mim a sensação de que nosso mundo, se comparado ao dos políticos ou empresários, é relativamente limpo e público. Em suma, foi uma reunião interessante.

---

147. Reunião editorial sobre o livro *A literatura do Japão*, da qual participaram, além de Mishima, Jun'ichiro Tanizaki, Yasunari Kawabata, Sei Ito, Jun Takami, Shohei Ooka e Donald Keene.

Não faz muito estive no Hotel Biwako para coletar material para uma obra[148] e, quando me foi requisitado pelo gerente que assinasse no registro do hotel, vi no livro o nome do senhor e senti saudades. Ver as beldades com trajes de banho da última moda na piscina falarem no dialeto de Kyoto me deixou um tanto desiludido. Roupas de banho não combinam de jeito nenhum com o dialeto de Kyoto.

No momento estou escrevendo uma peça[149] para o teatro Bungakuza, a qual está prevista para entrar em cartaz em janeiro; todavia, como não me parece bem estar sempre convidando o senhor para peças que não trazem nada de novo em relação às anteriores, vou me abster de informá-lo diretamente, pedindo que o teatro o faça. Em maio do ano que vem, quando estrear no teatro Nissay a grande ópera *Minoko*, com roteiro meu e música de Mayuzumi, farei questão de convidar o senhor, pois creio que esta obra, sim, será diferente.

Realizei uma audição em busca de jovens moças e rapazes para os papéis principais, porém ainda não decidi, pois quando encontro alguém com boa aparência não sabe cantar, e, quando sabe cantar, não tem boa aparência. Pude sentir vivamente como os céus não dão duas dádivas para a mesma pessoa.

Bem, tenha cuidado com a saúde em meio à friagem do outono.

Abreviadamente,

YUKIO MISHIMA

---

148. Refere-se ao romance *Seda e discernimento*.
149. Refere-se à peça *Koto da alegria*. *Koto* é um instrumento musical japonês, semelhante a uma cítara de grande porte.

(Cartão-postal)
De Yukio Mishima
Omori-ku (atual Ota-ku), Magome-Higashi 1-chome, nº 1333
Ao sr. Yasunari Kawabata
Kamakura-shi, Hase nº 264

9 de outubro de 1963

Olá, venho lhe agradecer de coração as duas esplêndidas caixas de *petit fours* que recebi hoje. A família inteira está muito alegre com os doces tão belos e incomuns.

Rogo para que o senhor não deixe de cuidar da saúde em meio à friagem do outono e, como sempre, mando saudações à sua esposa. Abreviadamente,

YUKIO MISHIMA

De Yukio Mishima
Tóquio, Ota-ku, Magome-Higashi 1-chome, nº 1333
Ao sr. Yasunari Kawabata
Kamakura-shi, Hase nº 264

15 de dezembro de 1963

Meus sinceros agradecimentos pelo presente deveras deleitoso que recebi hoje. O design e a coloração dos trabalhos italianos em couro são ímpares; vou enfeitar o presente na mesa de jantar para tornar as refeições um grande prazer, comendo enquanto imagino o licor que tomarei a seguir.

Perdão por entrar em assuntos meus, mas há pouco estive envolvido em um imbróglio disparatado[150], acabando com o trabalho parado por mais de dez dias e, graças às repercussões, estou transtornado com os textos que preciso escrever. Sofri a influência de Ooka e, por alguma retribuição do destino, acabei me tornando um homem briguento.

Não faz muito reli com profunda atenção *Mil tsurus*, em virtude do comentário para a antologia[151] da *Opinião Pública Central*, e tive uma impressão completamente diferente daquela da primeira leitura. Cheguei a sentir como se fosse um romance satírico da cerimônia do chá e do requinte japonês, tendo meu

---

150. A estreia da peça *Koto da alegria* no Bungakuza, antes prevista para janeiro, foi cancelada pelo teatro devido a diferenças ideológicas, o que fez com que Mishima cortasse laços com a casa.
151. *Antologia de Yasunari Kawabata*, a ser publicada em março de 1964 pela editora Chuokoronsha como o 38º volume da coleção *A literatura do Japão*.

interesse renovado sobre certos pontos. Quanto à cerimônia do chá, hoje, ao me encontrar com Soko Sen[152], ao falar de como viaja ao exterior para ensinar o chá, eu lhe disse: "Em vez de visitar somente países pacíficos e tranquilos como esses, que tal preparar o chá japonês em um lugar onde se pode ouvir as balas silvarem ao pé do ouvido, como nos portos caóticos do Vietnã do Sul? Esse sim é o verdadeiro sentido da cerimônia do chá, não acha?"

Bem, espero que o senhor tenha um ótimo ano vindouro. Não deixarei de visitá-lo no dia 2 de janeiro.

Abreviadamente,

YUKIO MISHIMA

---

152. Então presidente da Associação de Cerimônia do Chá Urasenke.

(Cartão-postal)
De Yukio Mishima
Omori-ku (atual Ota-ku), Magome-Higashi 1-chome, nº 1333
Ao sr. Yasunari Kawabata
Kamakura-shi, Hase nº 264

25 de setembro de 1964

 Olá, embora me sinta constrangido por lhe pedir isto sabendo que o senhor anda bem atarefado, seria para mim uma felicidade maior do que eu seria capaz de sonhar caso pudesse assistir à minha obra, *Vela da paixão*, motivo pelo qual lhe envio dois ingressos.
 Abreviadamente,

YUKIO MISHIMA

De Yukio Mishima
Tóquio, Ota-ku, Magome-Higashi 1, nº 1333
Ao sr. Yasunari Kawabata
Kamakura-shi, Hase nº 264

17 de outubro de 1964

Agradeço-lhe de coração pelos deliciosos doces de castanhas que recebi hoje. Sem serem demasiadamente açucarados, tinham sabor de fato; sempre havendo adorado o chantili de castanha, pude degustá-los com grande deleite. Não me contenho de gratidão por o senhor me trazer em mente. Embora eu me sinta embaraçado por receber o presente também como consolação pela derrota no tribunal[153], a verdade é que o único motivo que posso imaginar para haver perdido é a minha falta de virtude. Mesmo em se tratando de alguém como eu, espanto-me com minha total falta de credibilidade social.

Por excentricidade, aceitei uma montanha de pedidos para fazer reportagens, e pude afugentar meu abatimento em meio ao vaivém diário das Olimpíadas.[154] Esse evento veio de fato na hora certa para mim. Fico feliz por não haver feito oposição.

A partir deste verão o budismo começou a me atrair e, embora já tenha lido um sem-número de livros, o interesse fez

---

153. Mishima perdeu o litígio a respeito do romance *Depois do banquete* em 28 de setembro de 1964, mas entrou com um recurso já no dia seguinte.
154. Mishima se tornou repórter de cobertura especial dos Jogos Olímpicos de 1964, em Tóquio, escrevendo artigos para cada uma das modalidades do evento para diversos jornais.

apenas crescer. Não existe nada mais que confira ao mesmo tempo uma diversão filosófica aos pensadores e pavor e agradável inebriação às massas. Tenho dúvida se os romances (modernos) já conseguiram, ao menos uma vez, produzir esse mesmo duplo efeito tal qual o budismo. Penso que gostaria de me deixar inspirar por essa religião.

Falando honestamente, fiquei decepcionado com minha peça recente (*Vela da paixão*). Peço perdão por haver feito com que o senhor assistisse a uma apresentação de qualidade tão duvidosa.

Abreviadamente,

YUKIO MISHIMA

De Yukio Mishima
Tóquio, Ota-ku, Magome-Higashi 1, nº 1333
Ao sr. Yasunari Kawabata
Kamakura-shi, Hase nº 264

22 de dezembro de 1964

Fico muito agradecido por sua vinda no outro dia, apesar de suas tantas atribuições. Devido às condições da reunião, como deve ter percebido, não foi possível cumprir bem o papel de anfitrião, pelo que peço desculpas.

Ainda, na ocasião eu não sabia que havia sido presenteado com um Maillol, e minhas palavras acabaram não sendo condizentes. Foi só depois de o senhor partir que abri o pacote recebido e me admirei com o precioso regalo, pelo qual me faltam palavras para agradecer. Pretendo experimentá-lo em diversos lugares antes de decidir se vou colocá-lo do lado de dentro ou de fora da casa, de modo que estou me divertindo bastante observando-o como se comporta em cada canto. Como tenho uma estátua de Apolo no jardim, imagino que pode ser interessante acomodar ali, por contraste, a estátua de uma mulher — e foi ocupando-me de tais pensamentos que aumentaram as grandes diversões do meu dia a dia. Agradeço do fundo do coração.

Bem, desejo-lhe um feliz Ano-Novo, e espero visitá-lo no dia 2, como tenho feito nos anos anteriores.

Abreviadamente,

YUKIO MISHIMA

De Yasunari Kawabata
Kamakura-shi, Hase nº 264
Ao sr. Yukio Mishima
Tóquio, Ota-ku, Magome-Higashi 1, nº 1333

25 de dezembro de 1964

Meu mau hábito de não apenas deixar as coisas para a última hora, mas de nem sequer conseguir terminá-las a tempo estendeu-se também às minhas cartas de agradecimento; sinto-me envergonhado por lhe chegarem fora de ordem minhas palavras de gratidão por seu estimado convite da noite anterior. Diverti-me tanto como se você me houvesse proporcionado um momento de acalmia para meu encerramento na casa dos Fukudas, uma aflição similar a de quem tenta aprender a escrever com caneta pela primeira vez. Apesar de ter me equivocado quanto ao horário.

Foi uma falta de educação minha haver aparecido tão cedo. Peça perdão também à sua esposa. A estátua de Leda, como eu lhe havia dito, é uma cópia feita no Japão (como se trata de uma escultura, não creio que possa ser considerada uma falsificação, mas, de todo modo, o acabamento é insatisfatório), e a levei apenas porque vi que você tem em sua residência um esboço de Umehara[155], de modo que pode colocá-la onde quiser, mesmo em um canto do jardim. Pensei em escrever um

---

155. Ryuzaburo Umehara (1888-1986), artista que estudou pintura a óleo na Europa e foi considerado no Japão um dos maiores pintores de telas no estilo ocidental.

romance de televisão[156] e me quedei boquiaberto com minha falta de capacidade, em um estado de alienação, porém vou experimentar encarar a tarefa como o início de um novo estudo. Enquanto penso comigo mesmo que fim terá isso, partirei já em nova viagem depois de 3 de janeiro. Mal posso esperar por sua visita no dia 2. Pode trazer consigo quem quiser.

De qualquer forma, perdoe-me o atraso em lhe agradecer, por favor.

Atenciosamente,

YASUNARI KAWABATA

Fiquei muito contente em poder ver seus filhos.

---

156. *Romances de televisão em série* [*Renzoku Terebi Shosetsu*], uma série de novelas da emissora japonesa NHK. A novela escrita por Kawabata, *Um breve tempo*, seria televisionada entre abril de 1965 e abril de 1966.

De Yukio Mishima
Tóquio, Ota-ku, Magome-Higashi 1, nº 1333
Ao sr. Yasunari Kawabata
Kamakura-shi, Hase nº 264

2 de fevereiro de 1965

 Olá, e muito obrigado por sua hospitalidade quando o visitei na entrada do ano.
 Encontrei e adquiri um pilar de mármore para a Leda de Maillol com que o senhor me presenteara em dezembro passado, dispondo-a ao lado do fogareiro de chão, como o senhor pode ver na foto, e agora me deleito com o visual.
 Escrevi apenas para informá-lo das últimas notícias sobre Leda.
 Como minha casa entrará em reforma a partir de 10 de fevereiro, serei forçado a me mudar com a família por alguns meses, motivo pelo qual ando desorientado com tantos afazeres.
 Meu local de contato para trabalho será o quarto nº 909 do Hotel New Japan.
 Quando houver terminado a obra, eu insisto que o senhor faça uma visita ao menos uma vez. Embora, evidentemente, o cômodo do terraço parecerá interessante somente no verão.
 Bem, como sempre, peço que o senhor tome cuidado com a saúde.
 Abreviadamente,

YUKIO MISHIMA

De Yasunari Kawabata
Kamakura-shi, Hase nº 264
Ao sr. Yukio Mishima
Tóquio, Ota-ku, Magome-Higashi 1, nº 1333

1º de março de 1965

Minhas saudações.
Recebi com alegria sua obra, *Música*. Além de mal poder conter a ansiedade para ler tudo, creio que escolheu um ótimo título. Como meu romance *Beleza e tristeza* ganhou nova cara, aqui o envio. Quanto ao filme[157], cheguei a me espantar com o diretor Shinoda e com Marico [sic][158] Kaga; "Foi uma moça assim que eu criara?", pensei.
Caso tenha algum tempo livre, gostaria de vê-lo ao menos uma vez.

YASUNARI KAWABATA

---

157. Refere-se à adaptação cinematográfica de *Beleza e tristeza*, dirigida por Masahiro Shinoda.
158. Kawabata escreve o nome da atriz Mariko Kaga com o ideograma errado.

De Yukio Mishima
Hotel New Japan em Tóquio, Chiyoda-ku, Nagatacho
Ao sr. Yasunari Kawabata
Kamakura-shi, Hase nº 264

9 de março de 1965

Foi com muita gratidão que recebi sua carta bem como sua obra (*Beleza) e tristeza* [sic].[159] O design é deveras charmoso, e as gravuras e o acabamento assaz bonitos; fiquei comovido em como a Chuokoronsha faz livros com amor. Tendo de aguardar minha saída para o estrangeiro amanhã, e estando nos últimos tempos sempre ocupado, às voltas com os preparativos, pesa-me no coração ter de partir sem haver visto o filme, apesar de ouvir tantos comentários positivos sobre a atuação de Marico [sic] Kaga. Há pouco congelei o corpo no frio do inverno rigoroso dos templos de Kyoto, onde estive em preparação para um romance[160] para a *Nova Maré*. Ao pensar que, além disso, agora tenho de me dirigir à fria Londres, entro em depressão. Ficarei muito feliz se puder ver o senhor depois de retornar ao Japão. Apesar de que eu não vá ter nenhuma história interessante para trazer de lembrança de uma viagem a Londres.

Abreviadamente,

YUKIO MISHIMA

---

159. Mishima cita o título entre parênteses, mas os fecha antes do título completo.
160. Refere-se à coleta de material para *Neve de primavera*, primeiro romance da tetralogia *O mar da fertilidade*, serializado na revista *Nova Maré* a partir de setembro de 1965.

De Yasunari Kawabata
Kamakura-shi, Hase nº 264
Ao sr. Yukio Mishima
Tóquio, Ota-ku, Minami-Magome 4, nº 32

29 de julho de 1966

Minhas saudações. Recebi com alegria seu esplêndido presente de meio de ano.[161] Minha família também disse [que][162] lhe repassasse os agradecimentos. A respeito de Bunso Hashikawa no livro da Bungeishunju[163]: li sua análise e pensei se tratar de um texto bem ponderado. Abri algumas páginas aqui e ali desse volume para ler trechos de *Confissões de uma máscara*, e por fim acabei relendo boa parte da obra, pondo-me a pensar por certo tempo sobre os outros trabalhos que você veio a fazer na sequência desse.

Outro dia, voltando de trem do Prêmio Akutagawa[164], em conversa com Mitsuo Nakamura ele comentou sobre como se

---

161. É costume no Japão presentear amigos e parentes entre o início de julho até o dia 15, período correspondente ao Bon (celebração de finados) de acordo com o calendário solar (pelo tradicional calendário lunar, a celebração é realizada atualmente em meados de agosto).
162. Palavra faltando na carta original.
163. Em agosto de 1966, a editora Bungeishunju publicou o volume 42 da coletânea *Museu da literatura japonesa contemporânea*, exclusivamente com obras de Mishima. Bunso Hashikawa escrevera a biografia de Mishima e uma análise de sua obra para esse volume.
164. Mishima se tornou um dos membros do comitê de seleção do prêmio literário no ano de 1966 (Kawabata já era membro desde a primeira edição do prêmio, em 1935).

comoveu com a leitura crítica que você faz dos romances. Eu acabei de ler todos os livros com os quais você me presenteou desde *O grande aprendizado para mulheres não castas*.[165] Sei que deveria ter agradecido em cada ocasião, mas perdoe minha indolência costumeira.

Posto que este ano não me incomoda em absoluto o calor, ainda me parece uma maçada ir às montanhas.

Mande minhas lembranças também a seus pais e sua esposa.

YASUNARI KAWABATA

Eu ficaria feliz se tivéssemos oportunidade de falar pessoalmente de tempos em tempos.

---

165. Título baseado na obra confucionista *O grande aprendizado* [*Dà xué*], atribuída a um dos discípulos de Confúcio, Zengzi.

De Yukio Mishima
Tóquio, Ota-ku, Minami-Magome 4-32, nº 8
Ao sr. Yasunari Kawabata
Kamakura-shi, Hase nº 264

15 de agosto de 1966

Agradecendo por sua carta, envio-lhe aqui, humildemente, uma resposta.

Desde aquele dia estive em Shimoda, retornando à capital ontem, embora a partir do dia 20 saia de novo para as regiões de Kansai e Kyushu para coleta de material.[166] Como gosto muito do calor, para mim será muito gratificante.

Conquanto quisesse conversar com o senhor depois do Prêmio Akutagawa, devo pedir perdão por haver andado atarefado. Surpreendi-me em especial com a imparcialidade da avaliação conduzida pelo comitê. Nos prêmios literários normais ninguém logra despender tanto zelo, já que não se permite ler as obras assim tão minuciosamente, havendo uma tendência a dizer coisas com base na intuição, o que não me parece nada adequado.

Dentre minhas leituras recentes, achei interessante *Os pornógrafos*, de Akiyuki Nosaka, por se tratar de uma literatura patife ao estilo de Rintaro Takeda. Penso ser doloroso o fato de que, nos últimos tempos, a literatura venha se convertendo

---

166. Mishima faria uma viagem pelas cidades de Nara, Kyoto, Hiroshima e Kumamoto a fim de coletar material para o segundo romance da tetralogia *O mar da fertilidade*, que seria intitulado *Cavalo selvagem*.

num estilo cortês ou voltado à família. Não quero ler uma literatura de cavalheiros burgueses.

A desonestidade e o exagero da crítica literária são também graves, um sinal claro da decadência da literatura; será que não aparecerão agora novas pessoas revolucionárias ou violentas? Um dos únicos que me parecem ligeiramente interessantes é Koichiro Uno.[167] Creio que ele possui o temperamento de criança endiabrada da fase inicial de Tanizaki.

Devo continuar escrevendo *Neve de primavera* para a *Nova Maré* até o fim do ano, logrando acabar essa primeira parte, e, apesar de desejar descansar antes de começar a segunda, de viagens ao exterior já estou cansado.

Nos últimos tempos minha casa tem sido visitada com frequência por loucos, acontecendo até mesmo de, certa manhã bem cedo, alguém me quebrar a janela e invadir a casa. Em uma época em que dispara o número de pacientes mentais, a quantidade de literatos parece que será ultrapassada pela de insanos. Pondero não poder ficar para trás, devendo também enlouquecer em bom grado.

Por volta de novembro entrarei em cartaz no teatro Nissay com o espetáculo voltado para crianças *As mil e uma noites* e, apesar de muito simplório, eu gostaria de convidá-lo.

Por favor, cuide-se em meio ao calor que ainda perdura.

YUKIO MISHIMA

---

167. Escritor que ganhou Prêmio Akutagawa em 1961, com a obra *Deus Baleia*.

De Yukio Mishima
Ota-ku, Minami-Magome 4-chome 32-ban nº 8
Ao sr. Yasunari Kawabata
Kamakura-shi, Hase nº 264

30 de setembro de 1966

 Olá, incluo no envelope os ingressos para *As mil e uma noites* que mencionei tantas vezes, chegando a lhe falar apressadamente ao telefone no outro dia. Embora ainda esteja distante, ficaria honrado com sua presença. Além disso, posto que o intervalo da peça é um tanto curto, eu ficaria assaz feliz se o senhor deixar sua agenda livre até tarde da noite, pois eu gostaria de lhe oferecer um jantar ao fim do espetáculo. Imagino que decerto encontrarei o senhor em alguma parte ainda antes de novembro, mas, por ora, deixo adiantado meu desejo para que cuide da saúde em meio à friagem do outono.
 Abreviadamente,

YUKIO MISHIMA

De Yasunari Kawabata
Kamakura-shi, Hase nº 264
Ao sr. Yukio Mishima
Tóquio, Ota-ku, Minami-Magome 4-32

10 de outubro de 1966

Minhas saudações.
Recebi com muita alegria sua obra, *O martírio de São Sebastian* [sic].[168] Acredito ser outro trabalho seu que traz um sorriso ao peito. Desde a ocasião em que eu lera parte da obra na revista, pude inferir até certo ponto seu sentimento sobre a peça, como se a desejasse celebrar com um belo posfácio; não bastasse, haver incluído ainda uma coletânea de gravuras ilustres e tê-la publicado pela editora Bijutsu Shuppan me parece extraordinário. Eu já lhe dissera no passado ter ido duas vezes à Igreja de São Sebastião, a primeira há sete ou oito anos, e novamente há três anos, onde pude assistir à execução da ópera, na qual estrelava certa bailarina de cujo nome não me recordo, motivo pelo qual estou particularmente ansioso por essa leitura. É óbvio que, vendo a apresentação em Paris sem nenhum tipo de conhecimento prévio, não entendi uma palavra sequer do que diziam. Mesmo assim, até agora a impressão que tive perdura forte em mim. Depois que vi essa ópera, o balé

---

168. Kawabata escreve erroneamente o título da tradução que Mishima realizou, em conjunto com Kotaro Ikeda, da ópera de 1911 *Le Martyre de Saint Sébastien*, escrita por Gabriele d'Annunzio e com música de Claude Debussy.

branco passou a parecer-me deveras pungente, pois despendi todo meu interesse pelo balé da ópera nessa única ocasião.

Porventura você já ouviu isto diretamente, mas neste verão, quando me encontrei com Aro Naito (um cavalheiro que tem opiniões formidáveis sobre textos em japonês e traduções) e a Princesa Michiko, eles mencionaram como se comoveram com as falas pelas quais você opta em suas traduções. Imagino que Naito se alegraria caso você o presenteasse com um exemplar da obra.

Outro dia recebi também com muita gratidão os ingressos para *As mil e uma noites*. Menciono apenas para lhe agradecer.

Neste momento estou lendo seu debate com Nosaka na *Opinião Pública Central*.[169]

YASUNARI KAWABATA

---

169. Debate com Akiyuki Nosaka publicado na edição de novembro de 1966 da revista, sob o título "Erotismo e o poder da nação" [*Erochishizumu to Kokka Kenryoku*].

De Yasunari Kawabata
Kamakura-shi, Hase nº 264
Ao sr. Yukio Mishima
Tóquio, Ota-ku, Minami-Magome 4-32

5 de novembro de 1966

    Minhas saudações. Fico agradecido por receber seu debate com Hayashi[170]; comecei a lê-lo no meio da noite de anteontem e, sem lograr guardá-lo, acabei a leitura pela manhã.
    Em suas palavras há trechos que espantam, e outros que me fizeram abrir os olhos. Tenho imensa avidez por ver tais qualidades apareceram em sua obra sobre o budismo. Apesar de eu também ter a ambição de escrever sobre Teika, essa personagem das épocas da *Nova coletânea de poemas antigos e modernos* e da Guerra Jokyu que se tornou um deus da arte clássica, adicionando à obra ainda outras figuras, como o santo Myoe, a estrada é longa e para mim o sol já está se pondo. Estou lendo *São Sebastian* [sic] um pouco de cada vez, saboreando cada palavra. Às vezes, por exemplo, penso coisas esdrúxulas, como de que época e quem seria o São Sebastian [sic] do Japão.
    Escrevo-lhe apenas para agradecer.

YASUNARI KAWABATA

---

170. Debate com Fusao Hayashi publicado em outubro de 1966 pela editora Bancho Shobo sob o título *Diálogo: teoria sobre japoneses*.

(Carta expressa)
De Yukio Mishima
Tóquio, Ota-ku, Minami-Magome 4-32-8
Ao sr. Yasunari Kawabata
Kamakura-shi, Hase nº 264

13 de fevereiro de 1967

Olá. Queria ter conversado com o senhor depois de tanto tempo na ocasião do Prêmio Akutagawa, e me sinto desolado pela falta de oportunidade. Quando se trata de prêmios literários, eu acabo falando em demasia, o que faz com que eu mesmo pense se não me seria possível demonstrar um pouco mais de austeridade. Devido à nevasca do último fim de semana, fiquei em casa extremamente ocupado com guerras de bola de neve e construções de bonecos de neve. Desespero-me porque minhas duas crianças se aliam somente à mãe.

Pois bem, hoje lhe escrevo para fazer um pedido, aliás, o mais difícil que se pode fazer: que o senhor me escreva um texto. Caso lhe pareça desagradável, por favor, peço-lhe que se abstenha de ler daqui em diante.

Embora há alguns anos eu venha publicando a revista independente *Crítica* em conjunto com pessoas como Takeshi Muramatsu, Shoichi Saeki, Shusaku Endo e Yoshiyuki Nishi, talvez por alguma vingança do destino para com a editora Nambokusha, que obrou todo tipo de grosserias com aquele anúncio publicitário, sucedeu que, de agora em diante, nosso periódico terá de passar por total renovação para continuar a ser publicado, de modo que nosso departamento editorial, adotando nova atitude, decidiu criar uma revista ainda melhor, para qual o primeiro passo seria perguntar-lhe se não poderia contribuir com algum texto[171], um desejo quase surreal, que lhe revelo porque me pressionam também todos meus colegas. Uma única página, por exemplo, já seria suficiente (mas é claro que, se for além disso, ficaríamos sobremaneira agradecidos), e não posso dizer como se alegrariam eu e todos os meus colegas se pudéssemos contar com isso, ainda que sejam pensamentos avulsos com um título arbitrário. Basta expressar sua opinião sobre o pedido no cartão incluso no envelope e, de pronto, alguém da editora Nambokusha levará ao senhor uma cópia da revista, reforçando-lhe o pedido novamente em pessoa.

Peço que me perdoe por fazer uma solicitação deveras egoísta. E rogo para que o senhor cuide-se bem em meio a este frio rigoroso.

Yukio Mishima

---

171. Kawabata escreveria em abril de 1967 o ensaio "Excertos de correspondências de viagem" [*Ryoshin-sho*], que seria publicado na edição de julho do mesmo ano da revista *Crítica*.

De Yasunari Kawabata
Kamakura-shi, Hase nº 264
Ao sr. Yukio Mishima
Tóquio, Ota-ku, Minami-Magome 4-32

16 de fevereiro de 1967

Minhas saudações, aqui lhe escrevo em resposta à sua última carta. Hoje também despertei às 21h30, um amanhecer para mim, dando assim continuidade àqueles meus dias em que troco por completo a luz pela noite, perpetrando-se um estado de verdadeira demência já há tempos, de modo que minha condição não inspira nenhuma confiança, sendo duvidosa minha capacidade de escrever o que quer que seja, mas, em se tratando de um pedido seu, pude apenas responder que estou de acordo. O texto quiçá não será de má qualidade, mas é seguro que parecerá néscio, e espero obter seu perdão quanto a esse ponto.

A leitura de seu grandioso texto na revista *Literatura*[172] me iluminou. Conquanto dizer a estas alturas que seu texto foi de fato excepcional seja até um desrespeito, fazia tempo que eu não ficava assim admirado, até boquiaberto. Mesmo eu, que não dirijo nenhum pensamento ao Incidente de 26 de

---

172. Refere-se ao ensaio "A lógica da revolução moral: sobre os escritos deixados pelo tesoureiro do Exército, tenente Isobe" [*"Dogiteki Kakumei" no Ronri: Isobe Itto Shukei no Iko ni tsuite*], publicado na edição de março de 1967 do periódico.

Fevereiro[173], pude sentir correr em mim uma comoção vívida, de ritmo pulsante. Também achei ímpar sua carta para Mari Mori.[174]

Embora eu também precise me encontrar com Straus em breve, estou preocupado porque não sei a melhor forma de recebê-lo. Com a tradução para o alemão de *Kyoto*, e a confirmação da tradução para o holandês de *A casa das belas adormecidas*, ultimamente parece que, dentre meus trabalhos, as traduções europeias têm tomado a liderança.

(Hoje, tampouco, não creio que vá conseguir cair no sono antes do meio-dia.)

Seis da manhã de 16 de fevereiro
YASUNARI KAWABATA

---

173. Tentativa de golpe de estado no Japão ocorrida em 26 de fevereiro de 1936, organizado por jovens do Exército Imperial Japonês.
174. Refere-se ao artigo "Seu paraíso, sua colher de prata: à sra. Mari Mori" [*Anata no Rakuen, Anata no Gin no Saji: Mori Mari-sama*], publicado na edição de março de 1967 da revista *Opinião Pública Feminina*.

De Yukio Mishima
Ota-ku, Minami-Magome 4-chome, 32-ban nº 8
Ao sr. Yasunari Kawabata
Kamakura-shi, Hase nº 264

20 de fevereiro de 1967

Saudações, escrevo-lhe em resposta à sua carta. Agradeço-lhe profundamente por aceitar de pronto meu pedido tão egoísta. Todos meus colegas da *Crítica* também estão muito contentes. Imagino que o senhor já tenha recebido a solicitação da editora Bancho Shobo, mas reitero eu também o pedido.

Fiquei de fato feliz pelo seu elogio ao meu texto na *Literatura*. Depois de fazer saber a toda a família que "o senhor Kawabata me elogiou", liguei logo para Sugiyama, da revista, para também animá-lo, e ele fez menção de tomar nota de suas palavras; contudo, eu o proibi expressamente, e tratei de ler a carta em tom acelerado para ele, alegrando-o portanto com grande pressa e encerrando de pronto a chamada. São exageros a que sucumbo quando recebo uma carta do senhor, portanto creio que talvez fosse melhor que o senhor levasse meu temperamento em consideração e me escrevesse antes palavras de reprimenda.

Estes dias me encontrei com Sugiwara para conversarmos, depois de longo tempo e, ao cabo de debater comigo, como sempre, com tanto ímpeto a ponto de lhe saltar perdigotos da boca, tive de ouvir que não progredi nem um pouco sequer desde que ele me vira anteriormente em 1950 ou 1951.

Bem, prosseguirei em outra ocasião.
Abreviadamente,

Yukio Mishima

De Yasunari Kawabata
Kamakura-shi, Hase nº 264
Ao sr. Yukio Mishima
Tóquio, Ota-ku, Minami-Magome 4-32-8

21 de março de 1967

Minhas saudações. Muito obrigado pela cópia de *Desde a terra desolada*. "Que seja pesaroso ressaltá-lo,/ Mas não consigo ter nunca repouso./ Quedo-me em vigília e me abalo:/ Nada é mais infausto, assim ouço"[175] — hoje começaram novamente aqueles dias, pois dormi das nove da manhã às quatro da tarde. A única coisa que me salva é que passo as noites lendo livros. *Desde a terra desolada* também já li até o fim, e em geral faço agora apenas uma releitura, voltando a admirar a segunda e a terceira partes.

Quanto a seu "Uma péssima, péssima boa sensação"[176], gostaria de usá-lo na íntegra para o comentário da editora Kawade[177], pois já não resta nada a acrescentar.

3h20 da manhã de 21 de março
YASUNARI KAWABATA

---

175. Haiku que Kawabata compôs sobre sua vigília.
176. No original, *Iya na, Iya na, Ii Kanji*. Ensaio sobre a obra de Jun Takami, *Uma péssima sensação*, publicado na primeira parte do quarto volume da *Antologia completa da literatura de Jun Takami*, em outubro de 1964, pela editora Kodansha.
177. Refere-se ao comentário que Kawabata escreveria para a *Antologia Jun Takami*, a ser publicada pela editora Kawade Shobo como o 23º volume da *Coletânea completa de literatura japonesa* em agosto de 1967.

Estão aparecendo umas reações estranhas à declaração[178] de nós quatro, não é mesmo?

---

178. Refere-se a uma declaração escrita e divulgada por Kawabata, Mishima, Jun Ishikawa e Kobo Abe em 28 de fevereiro de 1967 em oposição à Revolução Cultural Chinesa de 1966.

De Yasunari Kawabata
Kamakura-shi, Hase nº 264
Ao sr. Yukio Mishima
Tóquio, Ota-ku, Minami-Magome 4-32-8

15 de julho de 1967

Minhas saudações. Ao regressar de minha viagem a Kii, encontrei a colônia que você me enviou como presente de meio de ano. Expresso meus agradecimentos por sua consideração costumeira. Próximo ao cabo Shio-no-Misaki passei de carro por estradas convertidas em rios, mas não fazia ideia de que atravessava uma área desolada pela enchente. Recebi um tremendo choque e fiquei desanimado ao ouvir que Sugawara, da Shinchosha, fora transferido para o periódico semanal. Parece que acabarei por não escrever mais nada, o que talvez seja um problema, fazendo-me sentir um pouco desnorteado. Cansei-me um tanto nesta semana por passar diariamente atarefado com os afazeres dessa viagem longe da capital. Ontem assisti a ...*E o vento levou* (Teatro Imperial). Tão bela foi a viagem por Nara, Kii e Kyoto, que pensei que seria melhor morar na região de Kansai.

YASUNARI KAWABATA

De Yukio Mishima
Ota-ku, Minami-Magome 4-chome, 32-ban nº 8
Ao sr. Yasunari Kawabata
Kamakura-shi, Hase nº 264

20 de dezembro de 1967

Saudações.

Recebi recentemente a esplêndida camisa que me enviou, um artigo requintado muito agradável à pele, e por isso a estou vestindo com predileção e alegria. Hoje chegaram também os legumes conservados em borras de saquê. Agradeço profundamente sua constante generosidade.

Sei que não nos encontramos há bastante tempo, mas estive soterrado em trabalho e outros afazeres desde que retornei da Índia.[179]

Antes que pudesse me dar conta, já chegamos ao fim do ano. Quanto ao meu romance atual, sinto que a estrada ainda é longa, mas o sol já está se pondo — deverá ter umas 1.200 páginas, mas faltam ainda trezentas para chegar à metade. Acabei dando início a uma tarefa audaciosa. Estaria bem se durante este tempo eu pudesse apenas trabalhar quieto, porém, com meu temperamento nato de quem não sossega, recebo cada vez mais a crítica da sociedade. De todo modo, há pouco tive a experiência de andar em um caça a jato F-104, o que foi

---

[179]. Mishima viajou por Índia, Tailândia e Laos entre 26 de setembro e 23 de outubro de 1967.

deveras deleitoso, e sobre a qual escrevi um artigo[180] para a edição de fevereiro da *Literatura*.

São inúmeras as coisas que me desagradam nas tendências do Japão e dos japoneses, em particular dos intelectuais, e penso ser horrível o estado de sonolência da classe literária. Como será o ano que está por vir?

Não poderei prestar-lhe uma visita no início do ano, mas eu ficaria muito feliz se, mesmo quando o senhor dispuser de somente um rápido intervalo, eu pudesse ter novamente a oportunidade de ouvir em pessoa as suas preciosas palavras.

Abreviadamente,

YUKIO MISHIMA

---

180. Refere-se ao artigo "F-104", que seria posteriormente usado como epílogo do ensaio autobiográfico *Sol e aço*.

De Yasunari Kawabata
Kyoto, Hotel Miyako
Ao sr. Yukio Mishima
Tóquio, Ota-ku, Minami-Magome 4-32-8

25 de junho de 1968

Li o livro sobre o Palácio Imperial, bem como seu texto[181], formidável como de costume. Este se equipararia ao escrito soberbo sobre Sotatsu?[182] Hoje fui à Associação de Cerimônia do Chá Urasenke com a esposa de Toko Kon para uma visita e me encontrei também com o presidente da editora Tankosha.

Ontem subi em um carro de som[183] com Toko e andamos juntos por Kyoto e por Shiga. Como você já havia ouvido no outro dia no restaurante Tsujitome, ao deixar o cargo de diretor na Academia de Belas-Artes do Japão[184], surgiu a peculiar possibilidade de me tornar chefe e responsável pela campanha eleitoral de Toko.

---

181. Mishima escrevera a introdução do livro *Jardim da corte I*, publicado em março de 1968 pela editora Tankosha.
182. Ver nota 106.
183. Kawabata estava atuando como chefe de campanha eleitoral para Toko Kon, que havia se candidatado a membro da Câmara dos Conselheiros.
184. Kawabata foi diretor do departamento de Literatura da Academia entre 1963 e 1968.

Isso aconteceu porque Hidemi Kon acabou se tornando diretor da secretaria.[185] Foi muito interessante seu debate[186] com Nakamura, tanto que acabei lendo-o mais apressadamente do que com cuidado. Imagino que minha condecoração[187] se deva à benevolência de Tetsutaro Kawakami. Diferente do que diz Nakamura, eu creio não passar pelo mundo, mas ser forçado pelo próprio mundo a passar por ele; o que você acha? De todo modo, não me agrada. A recente *Dança dos pombos* [*Hato no Mai*], de Sugiyama, foi de fato cintilante.

Abreviadamente,

YASUNARI KAWABATA

---

185. Hidemi Kon era irmão mais novo de Toko, que se tornou o primeiro diretor da Secretaria de Assuntos Culturais.
186. Refere-se a debate com Mitsuo Nakamura publicado em abril de 1968 pela editora Kodansha, intitulado *Debate: pessoas e literatura*.
187. Em novembro de 1961, Kawabata foi condecorado com a Ordem da Cultura por suas contribuições à literatura.

De Yasunari Kawabata
Kamakura-shi, Hase nº 264
Ao sr. Yukio Mishima
Tóquio, Ota-ku, Minami-Magome 4-32-8

16 de outubro de 1968

Minhas saudações. *Mar de primavera* [sic][188] e *Cavalo selvagem*! — outro dia fiquei de fato imensamente contente com a forma insuperável como me comoveram.

Recebi da Shinchosha um pedido disparatado para escrever um anúncio[189] de 150 palavras. Perdoe-me, pois sinto que onero sua renomada obra com uma terrível descortesia.

Achei essa sua obra a alegria e o orgulho de nossos tempos.

Por ora quis apenas expressar minha felicidade.

Abreviadamente,

YASUNARI KAWABATA

---

188. Kawabata escreve erroneamente o título do livro *Neve de primavera*, que integra a série *O mar da fertilidade*.

189. Refere-se a uma recomendação que Kawabata escreveria para *O mar da fertilidade*.

De Yukio Mishima
Hotel Shimoda Tokyu
Ao sr. Yasunari Kawabata
Kamakura-shi, Hase nº 264

4 de agosto de 1969

Escrevo-lhe para saber como vai o senhor sob este calor. Em Tóquio eu havia assumido tantos compromissos que tive a impressão de que seria um pecado ler seus dois eminentes ensaios, *Eu no belo Japão* e *A existência e a descoberta da beleza*, em meio àquela disposição de espírito; por isso os trouxe aqui para Shimoda, onde pude saborear o prazer de lê-los com calma em meio ao mar e à brisa.

Eu no belo Japão é um texto que analisa com extraordinária autoconsciência o cerne de sua própria literatura; penso que todos os ensaios já escritos a respeito do senhor acabarão lançados para longe frente a esse seu pequeno volume. O texto que escreveu, enquanto nos conta sobre esforços vãos e futilidade, na verdade possui uma espécie de força mágica capaz de fazer com que as pessoas sintam na pele, de modo abrupto, esses mesmos esforços e futilidade. Contudo, a "futilidade" de sua obra, por ter sua essência vital e um tanto alegre explicada pela primeira vez em uma maneira fácil de os ocidentais entenderem, remete-nos à sensação que se tem após a leitura de seu "Canção da Italia" [*sic*][190], que

---

[190]. Mishima escreve erroneamente o título do texto de Kawabata, "Canção da Itália". O conto fora publicado pela primeira vez na edição de

flui de imediato para a primeira página de *A existência e a descoberta da beleza*, ao descobrimento da beleza na luz que reflete do copo.

Na realidade, *Eu no belo Japão* me pareceu esplêndido, pois da forma como está escrito serve como uma síntese ímpar da literatura japonesa, logrando mostrar de maneira objetiva e simples, como se fosse um regato límpido, este córrego opaco sobre o qual até hoje ninguém havia podido lançar uma luz que o perfurasse à plenitude. Em meio a tantas citações interessantes que alguém inculto como eu desconhecia, o que não posso esquecer e que mais permanece em meu coração depois da leitura é o "cacho de flores de glicínia de mais de um metro", de *Os contos de Ise*. Esse cacho se verga a ponto de despontar para fora do pequeno volume, ocultando por completo o mundo budista, dominando nosso plano existencial com exuberância, em total silêncio.

As páginas excepcionais sobre o copo no princípio de *A existência e a descoberta da beleza* devem, antes de tudo, haver fascinado o público que viera a fim de ouvir uma palestra sobre *O conto de Genji*, devido ao frescor da experiência sensorial. Recordei-me daquela descrição que Proust fez de uma cozinha, com uma faca que aparenta se tornar aveludada onde é atingida pela luz do sol, e com as extremidades dos aspargos que se vão fundindo com o céu nas cores do arco-íris; recordei-me da passagem em que Proust discursa em minúcias sobre

---

janeiro de 1936 da revista *Reforma*, e aborda a relação entre Torii, um doutor em medicina que passa o resto de seus dias internado em um hospital depois de uma explosão durante um experimento químico, e sua namorada Sakiko. O título se refere a uma canção cantada por Sakiko, provavelmente oriunda do filme *Sem família* [*Sans Famille*], de 1934, dirigido por Marc Allégret e baseado na obra homônima de Hector Malot.

isso e, ao mesmo tempo, achei interessante a forma como, desde *O País das Neves*, o senhor faz lembrar o movimento Neossensorialismo[191] em sua juventude de beleza aguda e fria, com tenaz apego a uma beleza definida pela ótica. Desperta na lembrança ainda aquele seu *Fantasia de cristal*.

Ademais, ao mesmo tempo que o senhor escreve sobre temas extremamente graciosos, também lança sem remorsos contra o leitor assuntos como o terror inescapável da relação entre literatura e período em que é produzida, ou o caráter perturbador e realista do "bastão" dos versos de Kyoshi[192], o que me toma pelo coração.

Pois bem, havia algum tempo o senhor me dissera gentilmente que poderia escrever sobre minha peça do Teatro Imperial e, na ocasião, apenas lhe agradeci o gesto sem aceitá-lo. Pareceram-me insuficientes as minhas palavras sobre o assunto, o que me vinha ocupando o pensamento. Para dizer a verdade, emaranhavam-se à minha reação circunstâncias institucionais do teatro, pois Kazuo Kikuta assumiu a responsabilidade por uma crise administrativa de longa data e se retirou da linha de frente como encarregado dos espetáculos, assumindo o posto Amemiya (antigo diretor do departamento de fotografia), em função de um movimento[193] de recursos humanos ocorrido nesta primavera, e, como o projeto de encenar

---

191. Movimento literário do qual Kawabata foi um dos adeptos, conhecido como o início do modernismo literário no Japão.
192. Kyoshi Takahama (1874-1959), escritor. Refere-se a seu haikai "Como um bastão/ que perfura: os anos/ d'ontem e hoje" [*Kozo kotoshi/ Tsuranuku bo no/ Gotoki mono*], o qual Kawabata mencionara em seus ensaios, afirmando que os versos lhe davam calafrios. O poema é comumente interpretado como uma descrição da força da natureza (nesse caso, a passagem do tempo), contra a qual toda luta humana é vã.
193. Mishima possivelmente pretendeu escrever "uma movimentação".

O terraço do rei leproso fora concluído mediante negociações que eu fizera com Kikuta, minha peça acabou se tornando vítima desse processo de transição. Pude apenas me espantar com a burocracia do pessoal da Toho: temendo que passariam antes a ser ressentidos por Amemiya caso se obtivesse sucesso ao cooperar com o projeto de alguém de hierarquia inferior como Kikuta, pareceu-lhes mais proveitoso para proteger sua posição concentrar-se no primeiro projeto previsto por Amemiya para o outono, *Conto de terror de Yotsuya* (com Norihei Miki no papel de Iemon Tamiya e Masako Kyozuka no de O-Iwa!), deixando escapar até lá reclamações de que "os projetos de Kikuta não atraem público, de qualquer jeito". Desse modo, de pronto *O terraço do rei leproso* se tornou uma vítima, e se espalharam rumores de que "não seria possível vender ingressos para nenhum grupo de espectadores devido ao título insalubre", não dispensando em absoluto nenhum esforço à divulgação da peça, mas fingindo antes que tiravam uma sesta.

Devido a tais circunstâncias, sabendo eu que a produtora Toho não dava ares de que responderia positivamente ou nem sequer agradeceria suas afáveis palavras, tive medo de lhe causar antes algum transtorno, e por isso lhe falei daquela maneira. Injuriado com o tratamento da Toho, não dei as caras em absoluto no último dia da peça. Apesar de haver tido pena dos atores...

Aqui em Shimoda permaneço até o dia 16, voltando para as Forças de Autodefesa no dia 17 e ali permanecendo até o dia 23, pois pretendo estar presente para ver os frutos de um mês de treinamento dos novos membros estudantes. Nos últimos quatro anos, mais ou menos, ainda que sob a pilhéria alheia, venho apenas me focando em realizar os preparativos para o ano de 1970. Desgosto da ideia de que pensem em mim tragicamente (embora baste para me agradar que me usem como tema para alguma história em quadrinhos), mas a verdade é que é a primeira vez que despendo corpo, mente e dinheiro de forma assim tão decidida a um projeto. O ano de 1970 talvez não passe de uma fantasia aborrecida. Contudo, lancei-me a isso já com a intenção de apostar nessa chance, de uma em um milhão, de que tudo não passe de uma fantasia. Gostaria muito de contar com sua presença no desfile do dia 3 de novembro.[194]

Imagino que o senhor vá rir caso eu diga coisas ainda mais tolas, porém o que temo não é a morte, mas, sim, a honra de minha família após minha partida. Caso aconteça algo comigo, creio que a sociedade prontamente me mostrará suas presas e apontará meus defeitos, terminando por me destroçar com a desonra. Conquanto em vida não me afete o riso alheio, não poderia suportar que rissem de meus filhos depois de minha morte. Desde já tomo a liberdade de cartear [sic][195] com o senhor como o único que pode evitar que isso aconteça.

Ainda, por outro lado, é possível pensar sem dúvida na probabilidade de que todo o trabalho acabe sendo em vão, de que o esforço de cada gota de suor seja evanescente, de que tudo termine como plano de fundo de um cansaço lânguido — julgando com sensatez, essa probabilidade é muito maior que qualquer outra (talvez de noventa por cento!), mas ainda assim me despraz em absoluto voltar os olhos para tal verdade.

---

194. Refere-se ao desfile de celebração do aniversário de um ano da "Sociedade do Escudo" [Tate no kai], milícia fundada e liderada por Mishima com o objetivo de defender as tradições japonesas e o Imperador.

195. Mishima usa o ideograma de uma palavra homófona ("recado, correspondência") equivocadamente para significar "contar, depender".

Portanto, embora eu não possa fazer nada se me disserem que meu escapismo da realidade advenha de meu egoísmo, são as faces gordas dos realistas de óculos as que mais odeio neste mundo.

Bem, espero ter oportunidade de encontrá-lo novamente no outono.

Abreviadamente,

Yukio Mishima

De Yasunari Kawabata
Kamakura-shi, Hase nº 264
Ao sr. Yukio Mishima
Tóquio, Ota-ku, Minami-Magome 4-32-8

13 de junho de 1970

Minhas saudações. Perdoe-me, a negligência fez se acumularem os agradecimentos que lhe devo. Li *Sol e aço* quando do seu lançamento e me comovi. Foi um choque que não apazigua o coração. Penso ser um texto de grande relevância. Li seu debate sobre "tudo" com Yukio Miyoshi na *Literatura Nacional*[196], bastante fácil de entender mesmo para mim. Parto amanhã para Taiwan, e no fim do mês participarei da reunião do PEN Club na Coreia do Sul. Ambas as viagens são para cumprir obrigações descabidas.

No início do mês passado fiquei acamado uma semana em Kyoto, e tive de ouvir de um sem-número de médicos que meu corpo se assemelha a uma casa inundada desde o subsolo, e como é impressionante que eu possa ter continuado vivo até então com o corpo que tenho; que a decrepitude me acompanha bem de perto e atentamente. Embora as pessoas todas digam que tenho aspecto saudável, parece que ao menos meu espírito envelhece. Imagino se, inspirando-me em sua força de vontade,

---

196. Refere-se ao debate "Tudo sobre Yukio Mishima" [*Mishima Yukio no Subete*], publicado em maio de 1970 em edição extra da revista *Literatura Nacional: Pesquisa de Materiais Didáticos e Interpretações*.

não possa fazer alguma coisa para me fortalecer e poder curar minha infiltração pulmonar, entre outras enfermidades.

Abreviadamente,

YASUNARI KAWABATA

Quanto a sua mensagem[197] para Shintaro Ishihara, é tal como você diz; é duro, não é mesmo?

---

197. Refere-se à nota publicada por Mishima no jornal *Mainichi Shimbun* em 11 de junho de 1970 ao escritor e político, intitulada "Sobre o cavalheirismo: uma carta aberta a Shintaro Ishihara" [*Shido ni tsuite: Ishihara Shintaro e no Kokaijo*].

De Yukio Mishima
Tóquio, Ota-ku, Minami-Magome 4-32-8
Ao sr. Yasunari Kawabata
Kamakura-shi, Hase nº 264

6 de julho de 1970

Permita-me responder à sua última carta. Muito obrigado pela mensagem. Posso inferir como têm sido muitas suas preocupações, sobretudo com os preparativos para a viagem à Coreia do Sul e a Taiwan, certamente consumindo todo seu tempo. Também recebi um convite da Coreia do Sul, mas sinto muito não haver podido acompanhá-lo. Quando lá estive no final do ano passado com Ivan Morris, nos divertimos muito, achando deliciosa também a comida. O único porém é que, até certo ponto, fomos alvo do ardor dos coreanos.

Recentemente minha obra[198] chegou ao último volume e, apesar de ter ficado atônito com as diversas ideias que tive para seu desfecho, não faz muito tempo pude traçar um plano definitivo, o que me leva a pensar em adiantar ao menos a conclusão.

Como já é de costume, uso meu corpo sempre em excesso, sempre às voltas aqui e acolá, espantando-me comigo mesmo com o tempo que dedico à carne e à extensão de minha vitalidade.

---

[198]. Refere-se a *A queda do anjo*, último volume da tetralogia *O mar da fertilidade*, serializado na revista *Nova Maré* a partir de julho de 1970.

Quanto às notícias de sua saúde contidas na última carta, embora me sinta preocupado, penso que não há nada melhor que essa sua compleição que não lhe permite engordar, não importa o que aconteça. Nossa crença de que "o senhor Kawabata é o mais durão de todos" não se destrói tão facilmente.

Não apenas lhe agradeço, mas também me sinto até embaraçado por suas palavras demasiado generosas sobre minha pessoa em sua resposta às perguntas feitas pelo diretor do escritório de Tóquio do *New York Times*.[199] O artigo está previsto para ser publicado em breve.

Em meu terceiro ano praticando caratê, enfim obtive a faixa preta, e destarte já tenho nove graus de maestria acumulados entre diversas artes marciais[200], embora agora passe os dias com uma sensação de incompletude, pois, ao me tornar mais forte, já não há ninguém que queira me desafiar.

Sentindo que toda e cada gota de tempo é preciosa como a de um vinho, perdi quase todo o interesse pela dimensão espacial das coisas. Neste verão irei outra vez a Shimoda, levando toda a família. Anseio por um bonito verão.

Espero que o senhor não deixe de cuidar da saúde.

Abreviadamente,

YUKIO MISHIMA

---

199. A *New York Times Magazine* publicaria um especial sobre Mishima em agosto de 1970.
200. Mishima possuía também o segundo grau em iaidô e o quinto grau em kendô, totalizando na verdade oito graus de maestria, incluindo aí o primeiro grau de caratê.

Carta de recomendação do senhor Yasunari Kawabata ao Prêmio Nobel de Literatura de 1961²⁰¹

Nas obras do senhor Kawabata a delicadeza se une à elasticidade, a elegância a uma consciência das profundezas da natureza humana; sua claridade oculta uma tristeza imensurável, são obras modernas e ainda assim inspiradas diretamente pela filosofia solitária dos monges do Japão medieval. Sua escolha de palavras demo[n]stra como [sic] máxima sutileza a mais trêmula sensibilidade de [que] o japonês moderno é capaz; seu estilo único, com pleno domínio de ritmo, pode extrair e dar expressão completa à própria essência do tema sobre o qual escreve, seja a inocência de uma jovem garotasou [sic] a assustadora misantropia da velhice. Uma concisão extrema — a concisão significativa do simbolista — mantém suas obras curtas, mas mesmo em sua brevidade elas alcançam todos os recônditos da natureza humana. Para muitos escritores no Japão moderno, as reivindicações da tradição e o desejo de estabelecer uma nova literatura provaram ser praticamente irreconciliáveis. O senhor Kawabata, contudo, com sua intuição de poeta, foi muito além dessa contradição e logrou uma síntese. Através de todos seus textos, desde sua juventude até os dias atuais, ele permanece obcecado por um tema constante: o contraste entre a solidão fundamental do homem e a beleza indelével que é observada momentaneamente nos fulgores do

---

201. Original em inglês.

amor, assim como o fulgor de um relâmpago pode de súbito revelar as flores de uma árvore à noite.

    Sinto-me honrado em recomendá-lo, esse que, mais do que qualquer outro escritor japonês, está verdadeiramente qualificado para o Prêmio Nobel de Literatura.

Yukio Mishima

Posfácio
Mishima e Kawabata: o Sangue e a Neve

Donatella Natili[1]

É difícil imaginar o quanto a visão da estética japonesa no Ocidente, aquele conjunto de elegância, ritual e erotismo, culto da beleza e da morte heroica, deve-se a escritores como Yasunari Kawabata (1899-1972) e Yukio Mishima (1925-1970). Sem dúvida, a influência das obras desses dois autores propagou-se para além da página escrita e os ecos longínquos de suas palavras contribuíram, mesmo entre quem nunca os leu ou ouviu seus nomes, para cultivar uma certa imagem do Japão mundo afora.

Contudo, essa síntese da estética japonesa tão popular no Ocidente, e muitas vezes convertida em estereótipos de uso comum, embora contendo alguns elementos de verdade, resulta enganosa e corre o risco de se converter em um mero exotismo.

Os mesmos nomes de Yasunari Kawabata e Yukio Mishima, dois dos mais importantes escritores do século XX no Japão — consagrados ainda em vida com inúmeros prêmios e reconhecimentos literários, inclusive o Prêmio Nobel em 1968 no caso de Kawabata —, são cercados de uma aura de

---

1. Professora da Universidade de Brasília (UnB), doutora em literatura japonesa moderna e contemporânea pelo Departamento de Teoria Literária da mesma universidade, com pós-doutorado pela Universidade Waseda, em Tóquio, onde também lecionou. Tem artigos e traduções do japonês publicados no Brasil, na Itália e no Japão.

deferência que impede ao leitor de vislumbrar seus aspectos mais íntimos e mundanos, como entender os diversos obstáculos que superaram para alcançar a notoriedade.

Esta *Correspondência* mantida entre o mestre Kawabata e o jovem talentoso Mishima, que cobre um arco de tempo de vinte e cinco anos, entre 1945 e 1970, nos desvela os dois escritores em sua humanidade para além da consagração como clássicos, e mostra, apesar de suas aparentes diversidades, a forte afinidade e a estima recíproca que os uniu. Uma amizade construída ao longo de quase três décadas, que foi central na cena literária japonesa do pós-guerra. Antes de Haruki Murakami aparecer como estrela literária internacional, nos anos 1990, de fato, eram os nomes de Kawabata e Mishima que definiam entre os leitores japoneses o gosto pela literatura e as concepções sobre romance moderno.

Mishima foi um escritor precoce e imensamente fecundo de trabalhos emblemáticos do pós-guerra japonês (*Confissões de uma máscara* [1949], *Cores proibidas* [1951], *O Pavilhão Dourado* [1956]), e de uma quantidade notável de dramas e contos. No início de sua carreira, lucrou habilmente com o sucesso alcançado graças ao escândalo gerado pelas temáticas enfrentadas em suas obras: a descoberta da libido do semiautobiográfico protagonista de *Confissões de uma máscara*; o *underground* homossexual de Tóquio em *Cores proibidas*; a concepção da beleza, sentida e vivida como algo obcecante e obsessivo, em *O Pavilhão Dourado*.

Ao longo de sua vida, Mishima tornou-se uma figura pública de projeção internacional. Extremamente eclético, alternou a publicação de romances sóbrios com populares, o papel de crítico cultural com o de dramaturgo, e até de ator. Sua personalidade excêntrica, seu suicídio espetacular em

1970 e sobretudo sua obra — em que certa visão trágica da existência se conjuga com a estética tradicional de ação e de heroísmo — fizeram dele o autor japonês mais famoso e, ao mesmo tempo, mais contraditório.

Por sua vez, Kawabata foi o primeiro escritor japonês a receber um Prêmio Nobel, em 1968; suas obras refinadas e visuais como *O País das Neves* (1935-1937), *O som da montanha* (1949-1954) e *O mestre de go* (1951), seus poemas em prosa (*Contos da palma da mão*) e seus belos ensaios e narrativas populares conjugam uma sensibilidade moderna com a visão estética japonesa tradicional. Em comparação com Mishima, de aspecto atlético e caráter sociável, Kawabata era um intelectual tímido, uma figura delicada, que amava mostrar-se em traje tradicional. É difícil entender como essas duas personalidades tão diferentes puderam ter sido unidas por laços tão fortes. Entretanto, Mishima foi o discípulo mais próximo de Kawabata, e, com o tempo, tornou-se uma figura decisiva no destino de seu mentor.

O surgimento dessa longa relação intelectual e afetiva se insere no contexto particular do mundo literário japonês conhecido como *Bundan*. Esse termo, que remonta ao início da época Meiji (1868-1912), indica o grupo literário não oficialmente organizado, mas muito influente, que patrocinava os jovens escritores e controlava as publicações e os prêmios literários mais importantes.

Kawabata foi um membro bastante ativo do *Bundan* dos anos 1920, e como podemos perceber lendo a primeira carta que envia a Mishima em 8 de março de 1945, costumava se dispor a ajudar os jovens escritores de cujo trabalho gostava. Possuía uma verdadeira intuição pelos novos talentos, como demonstra o fato de que na década de 1930 publicou muitos ensaios críticos sobre trabalhos de estreantes. Deve-se a ele o surgimento no mundo das letras de nomes famosos como Kanoko Okamoto (1889-1939) e Masuji Ibuse (1898-1993). Durante um tempo, suspendeu a publicação de críticas literárias sobre a produção de jovens autores, provavelmente por causa da falta de nomes à altura de suas expectativas. Porém, quando, em 1945, sob os violentos bombardeios estadunidenses em Tóquio, chegou em suas mãos o trabalho *Floresta em plena florescência* do jovem Kimitake Hiraoka, que em seguida assumiria o pseudônimo de Yukio Mishima, sua inata curiosidade pelos jovens talentos ressurgiu.

Até sua morte, em decorrência de um suicídio inesperado e inexplicável apenas quatro anos depois de ter sido consagrado pelo Prêmio Nobel, Kawabata foi um membro ativo e influente da sociedade literária japonesa e estrangeira, tendo ocupado a presidência do PEN Club japonês por muitos anos e participado de várias comissões de prêmios literários. Apesar de sua aparente colaboração com o governo militarista japonês durante a Segunda Guerra Mundial, no pós-guerra, conseguiu esquivar-se das críticas severas do mundo literário, ao contrário de muitos de seus colegas, e se tornou uma voz respeitável em defesa da literatura e dos valores tradicionais.

Kawabata e Mishima diferiam não apenas na aparência física e no caráter, mas nas próprias experiências de vida, e criaram uma visão de estilo e de objeto divergentes. Mesmo assim, lendo estas cartas, percebe-se certa complementariedade entre os dois e, sobretudo, o fascínio que suas diferentes personalidades exerceram uma sobre a outra.

Na primeira e na segunda cartas da *Correspondência*, Mishima escreve para Kawabata e cita a destruição causada pelos bombardeios pesados da aviação estadunidense do mês de julho de 1945 em Tóquio, que custaram a vida a mais de cem mil pessoas. Ao mesmo tempo, descreve sinceramente sua vida durante os últimos meses antes do fim do conflito mundial e fala de suas leituras, revelando suas ambições literárias e esperanças para o futuro. É um estilo juvenil e quase *naïf*, contrastante com o escritor que se tornaria na maturidade; ao mesmo tempo, ressoa em suas palavras quase uma profecia de seus atos finais e de suas últimas temáticas:

> Não é possível, talvez, reconhecer também na literatura a existência de limites da experiência, limites não ultrapassáveis e que fogem do domínio da experiência literária (como Rilke a entendia)? Não chegará o momento em que serei obrigado a fazer a escolha penosa de realizar, fora do âmbito da literatura, as minhas visões literárias fatalistas?

Nesse período, os dois escritores ainda não haviam se conhecido pessoalmente. Mishima encontrou Kawabata pela primeira vez no início de janeiro de 1946, quando, com apenas vinte e um anos e levando uma carta de apresentação do crítico Utaro Noda (1909-1984), bateu à porta da casa de Kawabata em Kamakura. Mishima pediu-lhe apoio para publicar na revista *Humano*, da qual Kawabata era fundador, o conto "Cigarro", sobre uma relação homossexual entre jovens do prestigiado colégio Gakushuin, onde aquele estudava.

Entusiasmado com o trabalho, Kawabata aceitou o pedido, e o conto foi publicado no verão daquele ano, introduzindo Mishima ao mundo literário do pós-guerra. Assim, Kawabata assumiu implicitamente o papel de seu mentor e o novo discípulo passou rapidamente do completo anonimato para um nome publicamente reconhecido.

Mishima ficou extremamente feliz com a decisão de Kawabata. No âmbito do *Bundan*, de fato, um jovem escritor precisava do apoio de um veterano para publicar, e Kawabata não podia ser mais adequado para esse papel, pois entendia institivamente a sensibilidade e o caráter do jovem aspirante a escritor.

Posteriormente, quando ainda trabalhava no Ministério das Finanças, Mishima recebeu a oferta de uma editora para escrever seu primeiro romance, *Confissões de uma máscara*. Nesse trabalho já estão presentes os elementos constitutivos da estética do autor, como o fascínio pelo sangue, a morte, os conflitos com o ambiente familiar e social. O mesmo Kawabata escreveu a apresentação ao romance, mostrando quanta admiração tinha por seu talento.

> A maturidade tão precoce e o talento de Mishima me encantam e, ao mesmo tempo, me perturbam. Sua originalidade não é fácil de entender. Talvez seja difícil até para o próprio Mishima. Lendo esta obra, alguns terão a impressão de que ele é absolutamente invulnerável. Outros, ao contrário, de que este romance é o produto de numerosas e profundas feridas.

Confissões de uma máscara tornou o autor uma sensação nacional, elogiado nos periódicos pelo mesmo Kawabata como "a esperança do ano de 1950".

A partir dessa publicação, Mishima não mais voltou atrás, e passou a produzir freneticamente um número incrível de trabalhos, abandonando, aliviado, a ocupação de funcionário público, na qual havia ingressado por vontade do pai.

Entre os anos 1950 e 1960, em particular, seu nome alcançou o auge da fama. Da mesma forma, a sua amizade com Kawabata amadureceu e se tornou fecunda.

POSFÁCIO

Com apenas dezesseis anos, Yukio Mishima aproximou-se de Yasunari Kawabata, na época já um escritor reconhecido, com o intuito pragmático de se valer de sua forte influência no *Bundan*, mais do que por uma verdadeira admiração ou afinidade intelectual. Somente depois de ter conhecido pessoalmente o mestre, começou a ler suas obras com afinco, e ficou fascinado. No pós-guerra se dedicaria a escrever a maioria de seus ensaios críticos sobre Kawabata e a reeditar suas obras completas.

Uma das razões dessa fascinação encontra-se em uma das cartas mais significativas da *Correspondência*. Em 15 de abril de 1946, Mishima escreve para o mestre relatando sua releitura do conto *Lírica*, publicado em 1932. *Lírica* pertence ao período modernista da produção de Kawabata, em que ele funde elementos heterogêneos, como seu interesse pelo espiritismo, suas crenças budistas e a influência do surrealismo, a fim de criar uma obra hipnótica em forma de monólogo interior. Esse conto, quase um poema em prosa, foi para Mishima como uma fulguração.

A infância de Kawabata foi marcada por uma série de perdas, antes de tudo dos pais: "Nem sei em qual idade vocês desapareceram. Descansem em paz, vocês que morreram sem ter deixado ao vosso único filho algum meio para se lembrar de vocês", escrevera nas "Cartas aos meus pais" em 1932. O sentimento de luto e o diálogo com os mortos retornam quase como uma obsessão em sua obra, e encontraram em Mishima — que também havia experimentado a dor pela perda da guerra e da amada irmã Mitsuko, morta de tifo em 1945 — um leitor apaixonado.

A partir dessas leituras, o escritor abandonou sua tendência ao classicismo e o realismo de seus primeiros trabalhos para se dedicar nos romances e nos dramas seguintes à representação de experiências que transcendem a realidade e à criação de personagens movidos sobretudo pela superação dos limites da matéria em prol do espírito e das ideias.

Nessa mesma carta, o jovem leitor Mishima revela admiravelmente para Kawabata o prazer de ler suas obras e elogia sua sensibilidade estética, profundamente enraizada na cultura japonesa, na qual a tristeza assume um valor particular:

> [...] creio que a *Lírica* pela primeira vez se motivou na beleza e no amor naturais do Japão, como uma fantasia à luz do dia, em outras palavras, erigindo deveras o Japão como a "Grécia do Oriente", despertando-nos a todos. Sua altura, sua ausência de impurezas, sua elegante sonância quase que celestial, como o vibrar das cordas de um *koto* ao serem tocadas momentaneamente — e, ainda por cima, nenhuma dessas suas qualidades se torna abstraída ou em vão grandiosa, antes se envolvendo em uma tristeza semelhante a uma brisa suave; em outras palavras, respiram em silêncio a uma sombra carnal. [...] Imagino que como catalisador disso tudo está o segredo daquela "tristeza" sussurrante nossa, japonesa.

Mishima foi um escritor profundamente influenciado pelos textos de autores do decadentismo europeu e de clássicos gregos. Além disso, com a descoberta do profundo espiritualismo das tradições culturais, artísticas e religiosas japonesas, presentes na obra de Kawabata, aprimorou as componentes idealistas do seu caráter.

As primeiras cartas revelam claramente como Mishima escolheu abandonar a perspectiva da Escola Romântica Japonesa [Nihon Romanha] em favor de um realismo que transcende a experiência: "Pois não é verdade que a arte nasce da experiência? Uma experiência de nível mais elevado que aquelas da vida cotidiana, uma experiência que se torna simbolizada após um efeito de fermentação", declara abertamente para o mestre em 3 de março de 1946.

Impressiona aqui, sobretudo, como, no clima agitado do mundo das letras no Japão do pós-guerra, quando estava surgindo certo humanismo político, de inspiração realista, o escritor, de forma tipicamente "mishimiana", começou a desenvolver uma perspectiva pessoal e original da literatura, que não hesitava transmitir para Kawabata:

> O Romantismo, devido ao definhamento da expressão, corre o risco de se dirigir inevitavelmente a um Classicismo alheado. Para prevenir isso, faz-se necessário o estímulo violento de um Mecanicismo inclemente. Ou seja, não pretendo materializar o impulso interior na obra de modo real, objetivo, mas primeiro reduzi-lo a algo inorgânico, para montá-lo de forma mecânica e então organizá-lo. Quero condensar o impulso interior na forma que assume a cada instante, remontando-o artificialmente fora das limitações de tempo e espaço. Pode-se extrair dessa metodologia de remontagem uma força inigualável frente ao Realismo. Isso porque se trata de algo que não podemos chamar de expressão. O artificial não é, pois, o desejo humano em sua forma mais pura, sem falsidades?

Da mesma forma, ao longo da *Correspondência*, aparece gradualmente a típica divisão do ser de Mishima, que será anunciada somente mais tarde, após a sua interpretação do grande clássico dos samurais, o *Hagakure*, no ensaio *Sol e aço*, em que se afirma o controle do corpo e seu sacrifício em nome da dignidade da tradição.

Com o tempo, a relação entre Mishima e Kawabata foi se tornando mais íntima, na certeza de uma compreensão recíproca e de desafios comuns. A busca pela perfeição, pela beleza absoluta, a superação do eu eram uma exigência dos dois. Mas se em Mishima a busca pela beleza encontrou sua realização na ação, na moldura do corpo, na prática, Kawabata tendeu a afastar-se do mundo, a olhar para o passado com nostalgia, a entrar em um estado de completa contemplação e união com a natureza, de acordo com o estilo dos monges medievais.

Kawabata não era uma pessoa loquaz, mas, quando se tratava de críticas, era direto; gostava de pessoas honestas e inteligentes. Mishima era muito perspicaz e um grande leitor, e sem dúvida sabia ser apreciado pelo mestre. Portanto, se Kawabata foi determinante para a maturação artística de Mishima, encorajando-o desde sua estreia literária, o discípulo nunca deixou de elogiar suas obras, e confiava tanto nele que chegava a criticar abertamente outros autores do pós-guerra, como Osamu Dazai (carta de 8 de outubro de 1947).

Na década de 1950, em particular, Kawabata tornou-se uma presença constante na vida de Mishima, não apenas como mentor, mas também como amigo e orientador. Nas primeiras duas cartas desse período, reflete-se o clima internacional do Japão da época, e o interesse dos intelectuais pelas viagens ao exterior. Kawabata não hesita em sondar Mishima sobre a possibilidade de acompanhá-lo, e o discípulo confessa sinceramente suas restrições financeiras e de tempo, mas afirma o desejo de verem juntos o Partenon ao menos uma vez.

A partir de 1955, o tema das traduções é bastante recorrente na *Correspondência*. De fato, nesse período assistimos a um interesse muito grande e a um *boom* de traduções de romances japoneses, não apenas nos Estados Unidos, mas também na Europa. Contudo, na carta de Kawabata de 22 de dezembro de 1956, na qual se fala da publicação em inglês de *O País das Neves*, o autor expõe suas dúvidas sobre a capacidade de os leitores ocidentais entenderem suas obras: "Mas o que será de obras como *O País das Neves* e *Mil tsurus*, uma vez traduzidas para o Ocidente? Ouço dizer que as editoras e os *book reviewers* encontram problemas para interpretar as obras da forma adequada." Por sua vez, Mishima, em 1º de novembro de 1956, falando do sucesso de seu romance *Mar inquieto* nos Estados Unidos, parece apreciar a capacidade de leitura daquele povo: "Os estadunidenses não são assim tão estúpidos, e creio que entenderão o que precisa ser entendido. Por outro lado, os europeus é que têm a cabeça dura, e temo que lhes falte uma capacidade de compreensão flexível o bastante para a literatura japonesa."

Nas cartas dos meses seguintes percebe-se que a relação entre os dois escritores estava se tornando quase familiar. Mishima era uma pessoa muito atenciosa e tinha os amigos em alta consideração. Preocupava-se com a saúde do mestre, indicou remédios, preparou listas de providências na ocasião em que Kawabata foi internado e enviava presentes com frequência. A relação chegou a ser tão próxima que Mishima (embora fosse homossexual) pensou em pedir a filha de Kawabata em casamento e quando, em 1958, casou-se com outra jovem cuidadosamente escolhida, o mestre foi seu padrinho.

Entretanto, nos anos 1960, a relação entre os dois foi se transformando em uma rivalidade fatal, e o vínculo mestre--discípulo se enfraqueceu significativamente. O gênio fecundo de Mishima tinha se tornado então um elemento dominante do panorama literário japonês e não precisava mais de proteção. Ao mesmo tempo, Kawabata desenvolvia dependência em soníferos e não conseguia escrever. Tanto que, em 1961, durante a redação do romance *A casa das belas adormecidas*, teve que ser internado em um hospital por algum tempo e, de acordo com os críticos, pediu a Mishima que fosse seu *ghost-writer*. Da parte de Mishima, todavia, em breve a opinião sobre o mestre começou a mudar. Ele era um escritor disciplinado e profissional, e esperava dos colegas a mesma postura. Como podemos observar na *Correspondência*, publicamente elogiava Kawabata e considerava *O País das Neves* uma obra-prima, mas, em privado, não hesitava em julgar o romance como "um pastiche sem valor". Ao mesmo tempo, insistia em qualificar *A casa das belas adormecidas* como o melhor romance de Kawabata. Assim escreveu no prefácio do romance:

> Esta obra não se rende à beleza, à clareza, mas a uma atmosfera opressiva em que a densidade sufocante substitui a limpidez e a pureza. Não estamos diante de um ambiente vasto e livre, mas de um quarto fechado. O espírito do autor desafiando qualquer inibição se manifesta em toda a sua ousadia, e sem acanhamento.

Nessa época, a ambição sem limites de Mishima e sua sede de afirmação crescente levaram-no a ultrapassar as fronteiras nacionais para conquistar os leitores mundo afora. Tornou-se íntimo de críticos, editores e tradutores; um deles, Donald Keene, seria seu amigo durante toda sua vida; viajava regularmente, e começou a se convencer que conquistaria o Prêmio Nobel. Contudo, em 1960, envolveu-se em uma controvérsia que afastaria qualquer chance de isso acontecer. De fato, após a publicação do romance *Depois do banquete* — que narra a história de uma inesquecível protagonista feminina e sua relação com uma representante do governo japonês no ambiente perturbado do pós-guerra —, um político conservador que se identificara com a personagem principal acabou denunciando o escritor por difamação, e o processo se arrastou por anos.

De modo irônico, no clima politicamente tenso dos anos 1960 no Japão, Mishima, que no final da vida se tornaria um fanático de direita, acabou sendo erroneamente considerado pela opinião pública um simpatizante de esquerda, exatamente por causa da representação satírica do protagonista desse romance.

Durante o processo, preocupado com o desfecho da ação judicial, o escritor procurou o apoio de colegas do mundo intelectual e solicitou a Kawabata, então presidente do PEN Club, uma carta em sua defesa. Em contrapartida, Kawabata, na carta de 27 de maio de 1961, pediu-lhe uma recomendação para a comissão do Prêmio Nobel, mesmo tendo sempre declarado não estar interessado nesse reconhecimento:

> Pois bem, conquanto eu sinta muito estar sempre o importunando, gostaria de falar novamente do Prêmio Nobel. Creio que seria pouco perspicaz, sob muitos sentidos, limitar-me a enviar um único telegrama (mesmo que não haja esperanças de ganhar), e por isso mesmo lhe peço: não me importo que seja bem simples, mas você concordaria em escrever-me uma recomendação?

No texto enviado para a Academia Sueca, Mishima se revelou um crítico extraordinário e mostrou sua profunda empatia com a obra do mestre. Em poucas linhas, conseguiu desvendar habilmente suas características essenciais e sua originalidade:

> As obras de Kawabata conjugam a delicadeza com a firmeza, a elegância e a consciência dos abismos da natureza humana; sua clareza oculta uma

tristeza profunda; são modernas, mesmo se inspirando explicitamente na filosofia solitária dos monges do Japão medieval. A forma como esse escritor sabe escolher cada palavra testemunha a sutileza e o grau de sensibilidade vibrante que a língua japonesa pode alcançar. Seu estilo inigualável é capaz, com precisão infalível, de chegar direto ao coração de todos para expressar sua substância, seja se tratando da inocência de uma jovem ou da terrível misantropia de um velho [...].

Em 1968, finalmente, Kawabata ganhou o Prêmio Nobel, e Mishima logo se dirigiu até sua casa a fim de parabenizá-lo. Mas, evidentemente, estava impactado com a notícia. Na *Correspondência*, a carta de 16 de outubro de 1968, em que Kawabata elogia as obras de Mishima *Neve de primavera* e *Cavalo em fuga*, é um divisor de águas. Após essa data, Mishima escreveu apenas duas cartas ao mestre no decorrer de quase um ano. Para um intelectual como ele, que não conseguia sequer ignorar os best-sellers que eram publicados no Japão, a perda da oportunidade de receber um Prêmio Nobel era um problema de amor próprio, como sua atitude consequente revela.

Esgotada a grande chance de ser o primeiro escritor japonês a ser distinguido por um prêmio internacional prestigiado como o Nobel, Mishima concentrou-se na realização da sua última obra, a tetralogia *O mar da fertilidade*. Mas, ao mesmo tempo, começou a investir muita energia e recursos na formação de uma organização paramilitar chamada Tate no kai [Sociedade do Escudo], que recusava decisivamente o que ele considerava a submissão do Japão, ou seja, o Tratado de São Francisco, de 1951, com o qual o país havia renunciado para sempre a manter um exército nacional, entregando assim sua defesa aos Estados Unidos.

A penúltima carta ao mestre, de 4 de agosto de 1969, é significativa e premonitória do desesperado ato final que Mishima vinha planejando em nome do filho do Imperador e em busca de uma glória sobre-humana que coincidia com a morte triunfal, a perda de si em prol de uma eternidade perfeita:

> Imagino que o senhor vá rir caso eu diga coisas ainda mais tolas, porém o que temo não é a morte, mas, sim, a honra de minha família após minha partida. Caso aconteça algo comigo, creio que a sociedade prontamente me mostrará suas presas e apontará meus defeitos, terminando por me destroçar com a desonra. Conquanto em vida não me afete o riso alheio, não poderia suportar que rissem de meus filhos depois de minha morte. Desde já, tomo a liberdade de cartear [sic] com o senhor como o único que pode evitar que isso aconteça.

Finalmente, em 25 de novembro de 1970, logo após entregar ao seu editor o último capítulo de sua tetralogia, Mishima realizou uma tentativa fracassada de um *coup d'etat* no quartel-general das Forças Armadas em Tóquio, e então cometeu suicídio seguindo as regras do ritual haraquiri dos samurais. De forma coerente com seus escritos e pelo amor a seu país, a busca pela Beleza conclui-se com um ato destrutivo e com o sangue.

Para o mestre Kawabata, esse foi um trauma do qual nunca se recuperou.

Seu biógrafo Takeo Okuno conta que por centenas de noites seguidas o escritor foi assombrado por pesadelos ligados ao fantasma de Mishima, e sua já crônica depressão piorou após descobrir que sofria do mal de Parkinson. Apenas dois anos depois, em 16 de abril de 1972, ele próprio escolheu se matar, mas de forma discreta e solitária, no pequeno apartamento em que trabalhava em Zushi, a poucos quilômetros de sua casa.

Surpreende que no discurso pronunciado por ocasião do recebimento do Prêmio Nobel, em uma das passagens mais pessoais, Kawabata havia falado sobre o tema do suicídio, mostrando-se contrário a essa ideia: "Por mais que se possa odiar o mundo, o suicídio não é uma forma de iluminação. Porquanto virtuoso, o suicida é distante do reino da verdadeira sabedoria" (*A beleza do Japão e eu*).

Tratava-se de um tema abordado anteriormente em *Os olhos nos últimos instantes*, um ensaio dedicado ao amigo Ryunosuke Akutagawa, também morto por suicídio em 1927. Impressionava a Kawabata pensar sobre o que o ser humano vislumbra no momento da morte. Diante da plateia em Estocolmo, ele havia citado um trecho do testamento literário do próprio Akutagawa, *Memórias para um velho amigo*:

> Agora vivo em um mundo de nervos doentes, límpido como gelo [...] não sei quando terei a coragem de me suicidar. Sei apenas que para mim a natureza nunca foi tão bonita. Talvez vocês riam desta minha incoerência: amar tanto a beleza da natureza e pensar em suicídio. Mas é mesmo aqui, diante dos meus olhos, nos últimos instantes, que se reflete a beleza.

Tudo indica que Kawabata não conseguiu dominar o desejo de vislumbrar essa beleza absoluta e, conduzido por Mishima, encontrou a coragem de se render ao ato extremo. Assim, mestre e discípulo, cujos universos literários haviam sido tão diferentes quanto o sangue e a neve, encontraram-se unidos eternamente pela morte voluntária.

Biografias cronológicas dos autores

Yasunari Kawabata	Yukio Mishima
1899-1916	1925-1936
Nasce a 14 de junho de 1899 em Osaka-shi, Kita-ku, Konohanama-chi, filho primogênito de Eikichi (pai) e Gen (mãe) Kawabata. Seu pai morre em janeiro de 1901, e sua mãe, em janeiro de 1902. Em abril de 1906 ingressa na Escola de Ensino Primário e Ginasial de Toyokawa, em Osaka-fu, Mishima-gun. Em março de 1912 termina o sexto ano e, assim, a então primeira etapa do ensino primário. Em abril do mesmo ano, inicia a segunda etapa do ensino primário na Escola Ginasial Estadual de Ibaraki, em Osaka-fu, Ibaraki-shi.	Nasce a 14 de janeiro de 1925 em Tóquio, Yotsuya-ku (atual Shinjuku-ku), Nagasumi-cho 2-jo, filho primogênito de Azusa (pai) e Shizue (mãe) Hiraoka. Batizado com o nome de Kimitake Hiraoka. Em abril de 1931 começa o ensino primário na instituição de ensino Gakushúin.
1917-1925	1937-1940
Termina a segunda etapa do ensino primário em março de 1917 e se muda de imediato para Tóquio. Em setembro ingressa no curso de letras do Primeiro Colégio de Ensino Ginasial, com ênfase em língua alemã. Gradua-se em setembro de 1920, e no mesmo mês ingressa no curso de inglês da Faculdade de Letras da Universidade Imperial de Tóquio. Em junho de 1922 se transfere para o curso de literatura japonesa. Gradua-se em março de 1924. Em outubro do mesmo ano cria a revista independente *Época das Artes* [*Bungei Jidai*].	Termina a primeira etapa do ensino primário em março de 1937. Em abril começa a segunda etapa do ensino primário na mesma escola. Em julho publica o ensaio "Excertos de grama de primavera: memórias do ensino primário" [*Shunso-sho: Shotoka no Omoide*] no periódico escolar *Revista da Associação de Ajuda à Benevolência* [*Hojinkai*], e continuará a publicar nos anos seguintes poesias, contos e peças de teatro.

Yasunari Kawabata	Yukio Mishima
1926-1944	1941-1943
A partir de 1926 começa a conviver com Hideko Muramatsu, sua futura esposa, que conheceu na casa de Tadao Suga. Publica *A dançarina de Izu* em março de 1927. Em janeiro de 1935 se torna membro do comitê de seleção do Prêmio Literário Akutagawa. Em junho de 1937 publica *O País das Neves*. Em abril de 1944 ganha a sexta e última edição do Prêmio Kan Kikuchi realizada antes do fim da Segunda Guerra Mundial, com as obras *Crepúsculo* [*Yuhi*] e *Kyoto*.	Em setembro de 1941 começa a serializar na revista *Cultura Artística* [*Bungei Bunka*] sua obra *Floresta em plena florescência* [*Hanazakari no Mori*] (que será completada em dezembro). Nessa época começa a usar o pseudônimo Yukio Mishima. Em março de 1942 termina a segunda etapa do ensino primário, e em abril ingressa no curso de letras do Primeiro Colégio de Ensino Ginasial, com ênfase em língua alemã.
1944	
	Em abril termina o ginasial, e em dezembro ingressa no curso de direito alemão da Faculdade de Direito da Universidade Imperial de Tóquio, sob recomendação direta de seu colégio, sem necessidade de prestar exame vestibular. No mesmo mês sua obra *Floresta em plena florescência*, anteriormente apenas serializada em revista, é lançada em livro, tornando-se sua primeira publicação.
1945	
Em maio funda na avenida Hachiman a casa de empréstimo de livros Kamakura Bunko, juntamente com outros autores que se situavam na cidade de Kamakura, tal como Masao Kume, Hideo Kobayashi e Jun Takami. Em setembro estabelece também a editora Kamakura Bunko, trazendo à empresa o editor Tokuzo Kimura, que trabalhava na editora Yotokusha em Kyoto.	Em fevereiro realiza exame de ingresso no serviço militar, mas acaba sendo enviado imediatamente de volta para casa devido a um erro no diagnóstico médico. Em maio se transfere para um dormitório no arsenal da Marinha em Kanagawa--ken, Koza-gun, como parte das forças de mobilização de trabalho durante a guerra.

Yasunari Kawabata	Yukio Mishima
1946	
Em janeiro recebe uma visita de Yukio Mishima. A editora Kamakura Bunko começa a publicar a revista *Humano* [*Ningen*], com Tokuzo Kimura como editor-chefe. Em abril publica *Chapim-carvoeiro* [*Higara*] e *Uma jovem à luz do crepúsculo* [*Yubae Shojo*]. Em setembro publica *Pensão nas fontes termais* [*Onsen Shuku*]. Em outubro se muda do bairro Nikaido para o bairro Hase, ainda em Kamakura.	Em janeiro visita Yasunari Kawabata pela primeira vez. Em junho, sob recomendação de Kawabata, publica "Cigarro" [*Tabako*] na revista *Humano* e ingressa nos círculos literários.
1947	
Dando continuidade a seus esforços do ano anterior, dedica-se ao trabalho na Kamakura Bunko. Do fim de maio até 10 de junho parte em viagem para a filial da editora em Hokkaido. A partir dessa época aumenta seu interesse pela arte clássica japonesa. Em setembro publica *Arco-íris* [*Niji*].	Em janeiro vai à casa de Kawabata para saudá-lo pelo início do ano (o que se tornará um costume nos anos seguintes). Em novembro publica *Uma história no cabo* [*Misaki nite no Monogatari*], e se gradua na Faculdade de Direito da Universidade Imperial de Tóquio. Em dezembro é aprovado em exame público de nível superior para cargo administrativo, sendo apontado pelo secretário do Ministério das Finanças para cargo na Agência de Bancos do Ministério, Departamento de Poupança Nacional.
1948	
Em janeiro publica *Uma folha de capim e uma flor* [*Isso Ikka*]. Em maio começa a ser publicada a *Antologia completa de Yasunari Kawabata* [*Kawabata Yasunari Zenshu*], em dezesseis volumes, que será completada somente em abril de 1954. Em junho é eleito o quarto presidente do PEN Club do Japão (continuará no posto até outubro de 1965). Em dezembro publica a versão definitiva de *O País das Neves*.	Em setembro renuncia ao cargo no Ministério das Finanças. Em novembro publica *Os ladrões* [*Tozoku*] e, em dezembro, *Preparativos noturnos* [*Yoru no Shitaku*].

Yasunari Kawabata	Yukio Mishima
1949	
Em janeiro publica *Dados noturnos* [*Yoru no Saikoro*]. Começa a serializar *Mil tsurus* em maio e *O som da montanha* em setembro. Em dezembro publica *Páthos* [*Aishu*].	Em julho publica *Confissões de uma máscara*, e em agosto *A passagem do bando de demônios* [*Magun no Tsuka*].
1950	
Em abril realiza inspeção das condições de reconstrução de Hiroshima e Nagasaki, juntamente com vinte e três membros do PEN Club. No "Encontro pelas artes e a paz mundial", realizado em Hiroshima, lê a "Declaração de paz" [Heiwa Sengen].[1] Escreve texto fazendo um apelo para a coleta de fundos a fim de enviar um representante japonês para o prêmio internacional do PEN Club que será realizado em Edimburgo (entre 15 e 25 de agosto). A Kamakura Bunko declara falência.	Em maio publica *O farol* [*Todai*] e, em junho, *Sede de amar* [*Ai no Kawaki*] e *O monstro* [*Kaibutsu*]. Em agosto se muda para Meguro-ku, Midorigaoka nº 2.323. Em dezembro publica *Noites de branco puro* [*Junpaku no Yoru*] e *A era do azul* [*Ao no Jidai*].
1951	
Em julho publica *A dançarina* [*Maihime*].	Em abril publica *A santa* [*Seijo*]; em junho, *A caça e a presa* [*Kari to Emono*]; em julho, *Cavalgada* [*Tonorikai*]; em agosto, nova edição de *A floresta em plena florescência*; em novembro, a primeira parte de *Cores proibidas*; e em dezembro, *A aventura de Natsuko* [*Natsuko no Boken*]. Em dezembro parte em um cruzeiro ao redor do mundo na condição de correspondente especial do jornal *Asahi Shimbun*.
1952	
Em fevereiro publica *Mil tsurus*, pelo qual recebe o prêmio literário de 1951 da Academia de Belas-Artes do Japão.	Retorna ao Japão em maio. Em outubro publica *O copo de Apolo* [*Apolo no Sakazuki*].

1. Declaração escrita pelo prefeito da cidade e lida anualmente desde 1947.

Yasunari Kawabata	Yukio Mishima
\multicolumn{2}{c}{1953}	
Em fevereiro publica *Novo casamento* [*Saikonsha*] e, em maio, *O sol e a lua também* [*Hi mo Tsuki mo*]. No verão vai a Karuizawa pela primeira vez desde o fim da guerra, mantendo-se em retiro por cerca de dez dias. Em 13 de novembro é eleito membro da Academia de Belas-Artes do Japão junto com Nagai Kafu e Mimei Ogawa.	Em fevereiro publica *Uma morte em pleno verão* [*Manatsu no Shi*]; em março, *Fabricado no Japão* [*Nipponsei*]; e em junho, *O girassol noturno* [*Yoru no Himawari*]. Em julho começa a publicação da *Antologia de obras de Yukio Mishima* [*Mishima Yukio Sakuhin-shu*] em seis volumes, que será completada em abril do ano seguinte. Em setembro publica a segunda parte de *Cores proibidas*, intitulada *Prazer secreto* [*Higyo*], e, em outubro, *O tambor de sarja* [*Aya no Tsuzumi*].
\multicolumn{2}{c}{1954}	
Em janeiro publica *Uma história da cidade baixa por onde passa o rio* [*Kawa no Aru Shitamachi no Hanashi*]. Em março é escolhido como membro do comitê de inspeção do recém-estabelecido prêmio literário da editora Shinchosha. Em abril publica nova edição de *O som da montanha*; em julho, *O mestre de go*; em agosto, *Conto infantil* [*Dowa*]; e em outubro, *Viagem a Izu* [*Izu no Tabi*]. Em dezembro ganha o VII Prêmio Literário Noma pela obra *O som da montanha*.	Em junho publica *Mar inquieto*; em setembro, *A capital da paixão* [*Koi no Miyako*]; em outubro, *Um quarto trancado à chave* [*Kagi no Kakaru Heya*]; em novembro, *Jovens, ressuscitai* [*Wakoudo yo Yomigaere*]; e em dezembro, *Teoria literária da vida humana* [*Bungakuteki Jinseiron*]. Em dezembro ganha o I Prêmio Literário Shinchosha pela obra *Mar inquieto*.
\multicolumn{2}{c}{1955}	
Em janeiro publica o volume inicial de *Pessoa de Tóquio* [*Tokyo no Hito*], com o quarto e último volume sendo publicado em dezembro. Em abril publica *O lago*.	Em abril publica *A cachoeira profunda* [*Shizumeru Taki*]; em junho, *A deusa* [*Megami*]; em julho, *A morte de Radiguet* [*Radiguet no Shi*]; e em novembro, *A folga dos romancistas* [*Shosetsuka no Kyuka*]. Em dezembro ganha o II Prêmio Teatral Kishida pela peça *O ninho da formiga branca* [*Shiroari no Su*], e a partir desse ano começa a praticar fisiculturismo.

Yasunari Kawabata	Yukio Mishima
\multicolumn{2}{c	}{1956}
As *Obras selecionadas de Yasunari Kawabata* [*Kawabata Yasunari Senshu*] são publicadas a partir de janeiro, com o décimo e último volume saindo em outubro. Também nesse mês publica *Ser uma mulher I* [*Onna de aru Koto I*] (a segunda parte sairia em fevereiro do ano seguinte). A partir desse ano começa a publicar muitas traduções de obras estrangeiras.	Em janeiro publica *O barco da felicidade* iça velas [*Kofuku-go Shuppan*] e *O ninho da formiga branca* [*Shiroari no Su*]; em abril, *Cinco peças de nô moderno* [*Kindai Nogaku-shu*]; em junho, *O jovem que escreve poesias* [*Shi wo Kaku Shonen*]; em outubro, *O Pavilhão Dourado* e *Poderão as tartarugas alcançar as lebres?* [*Kame wa Usagi ni Oitsuku ka?*]; e em dezembro, *A primavera que foi longa demais* [*Nagasugita Haru*].
\multicolumn{2}{c	}{1957}
Em março vai à Europa com Yoko Matsuoka para participar de encontro de membros realizado pelo PEN Club, do qual participaram também escritores como François Mauriac e T.S. Eliot. Retorna ao Japão em maio. Em 2 setembro inaugura o XXIX Prêmio Internacional do PEN Club, realizado em Tóquio, na condição de presidente do clube no país organizador, dedicando-se ao evento até a cerimônia de encerramento realizada em Kyoto no dia 8.	Em janeiro recebe o VIII Prêmio Literário do Jornal Yomiuri por sua obra *O Pavilhão Dourado*. Em março publica *Rokumeikan*. Em abril ganha o IX Prêmio Teatral Mainichi por sua adaptação de *Britânico* [*Britannicus*]. Em junho publica *Um vacilo da virtude* [*Bitoku no Yoromeki*]. Em julho parte para os Estados Unidos sob convite da editora Knopf, passando também pelas Antilhas e pelo México, para retornar ao Japão em janeiro do ano seguinte.
\multicolumn{2}{c	}{1958}
Em fevereiro é eleito vice-presidente internacional do PEN Club. Em março é agraciado com o VI Prêmio Kan Kikuchi realizado após a guerra, em virtude de "seus esforços e serviços na realização do Prêmio Internacional do PEN Club". Em abril publica *A primeira neve do Fuji* [*Fuji no Hatsuyuki*]. Em novembro é internado no hospital da Universidade de Tóquio devido a cálculo biliar.	Em janeiro publica *As sete pontes* [*Hashidzukushi*] e, em maio, *Livro ilustrado de viagem* [*Tabi no Ehon*] e *A rosa e os piratas* [*Bara to Kaizoku*]. Em junho, graças à mediação da esposa de Kawabata, casa-se com Yoko Sugiyama, filha primogênita do pintor Yasushi Sugiyama. Em dezembro ganha o Prêmio Teatral do Jornal Yomiuri Semanal pela peça *A rosa e os piratas*. A partir desse ano começa a praticar kendô.

Yasunari Kawabata	Yukio Mishima
1959	
Em maio é agraciado com a Medalha Goethe durante o Prêmio Internacional do PEN Club em Frankfurt. Em julho é republicado *Uma rua com vento* [*Kaze no Aru Michi*]. Em novembro começa a sair uma nova *Antologia completa de Yasunari Kawabata* [*Kawabata Yasunari Zenshu*], em doze volumes, dos quais o último sairá em agosto de 1962. Este é o primeiro ano de sua longa carreira como escritor em que não publica nenhuma obra.	Em março publica *Curso de educação sobre coisas imorais* [*Fudotoku Kyoiku Koza*]. Em maio se muda para a nova casa que construiu em Ota-ku, Magome. Em junho nasce sua primeira filha, Noriko. Também em junho publica *Manual de estilo* [*Bunsho Dokuhon*]; em setembro, a primeira e a segunda partes de *A casa de Kyoko* [*Kyoko no Ie*]; e em novembro, *Nudez e vestimentas* [*Ratai to Isho*].
1960	
Em maio vai aos Estados Unidos mediante convite do Departamento de Estado estadunidense. Continuando a viagem, em julho participa como convidado de honra do Prêmio Internacional do PEN Club realizado em São Paulo, retornando ao Japão em agosto. Neste ano é condecorado pelo governo francês com L'Ordre des Arts et des Lettres.	Em fevereiro publica *Curso de educação sobre coisas imorais: continuação* [*Zoku Fudotoku Kyoiku Koza*]. Em março estrela o filme *Sujeito vento seco* [*Karakkaze Yaro*], do estúdio Daiei. Em novembro publica *Depois do banquete* [*Utage no Ato*] e *Moça* [*Ojosan*]. De novembro até janeiro do ano seguinte parte com a esposa em uma viagem ao redor do mundo.
1961	
Aluga uma casa em Kyoto, Sakyo-ku, Shimogamo a fim de coletar material e escrever suas obras *Kyoto* e *Beleza e tristeza*. Em novembro é condecorado com a Ordem da Cultura japonesa, na XXI cerimônia de outorga do título. Também em novembro publica *A casa das belas adormecidas*.	Em janeiro publica *Estrela* [*Sutaa*]. Em março é processado por invasão de privacidade pelo ex-ministro do Exterior Hachiro Arita, que teria sido usado como modelo, sem permissão, para o personagem de *Depois do banquete*. Em setembro publica *Travessuras de animais* [*Kedamono no Tawamure*] e, em novembro, *Ataque da beleza* [*Bi no Shugeki*].

Yasunari Kawabata	Yukio Mishima
1962	
Em fevereiro é internado no hospital da Universidade de Tóquio devido a uma crise de abstinência de soníferos, onde permanece inconsciente por cerca de dez dias. Em junho publica *Kyoto*. Em outubro participa de reunião do Comitê dos Sete em Apelo pela Paz Mundial, do qual é membro. Em novembro recebe o XVI Prêmio Cultural da Editora Mainichi, por sua obra *A casa das belas adormecidas*.	Em janeiro ganha o XIII Prêmio Literário Yomiuri (na categoria "teatro") por sua peça *Crisântemo do dia 10* [*Tooka no Kiku*].[2] Em março é publicada a *Antologia completa de peças de Yukio Mishima* [*Mishima Yukio Gikyoku Zenshu*]. Em maio nasce seu segundo filho, Iichiro. Em outubro publica *Bela estrela* [*Utsukushii Hoshi*].
1963	
Em abril é criada a Fundação de Literatura Moderna Japonesa, do qual é apontado como auditor.	Em janeiro publica *Debandada de amor* [*Ai no Shisso*]; em março, *Provação pelas rosas* [*Bara-kei*], uma coletânea de fotografias de Mishima nu, feitas pela fotógrafa Eiko Hosoe; em agosto, *Ensaio sobre Fusao Hayashi* [*Hayashi Fusao Ron*]; e em setembro, *O marinheiro que perdeu as graças do mar*. Em novembro sua peça *Koto da alegria* [*Yorokobi no Koto*], escrita para o teatro Bungakuza, tem sua apresentação cancelada devido à oposição do próprio teatro, com o qual Mishima corta relações. Em dezembro publica *Espada* [*Ken*].

2. Expressão japonesa que indica "ser tarde demais" para alguma coisa.

Yasunari Kawabata	Yukio Mishima
1964	
Em junho participa como convidado de honra do Prêmio Internacional do PEN Club realizado em Oslo, viajando por várias regiões da Europa antes de retornar ao Japão em agosto.	Em fevereiro publica *Escola da carne* [*Nikutai no Gakko*] e *Koto da alegria, seguido de Minoko* [*Yorokobi no Koto, Fu: Minoko*], além de ter publicada a *Antologia completa de contos de Yukio Mishima* [*Mishima Yukio Tanpen Zenshu*] pela editora Shinchosha. Em abril publica *Minha época itinerante* [*Watakushi no Henreki Jidai*] e, em junho, parte em viagem aos Estados Unidos. Em setembro perde o caso jurídico de *Depois do banquete*, mas entra com recurso. Em outubro publica *Seda e discernimento* [*Kinu to Meisatsu*], obra pela qual ganha no mês seguinte o VI Prêmio Artístico Mainichi (categoria "literatura"). Em dezembro publica *O primeiro sexo: curso de investigação do sexo masculino* [*Daiichi no Sei: Dansei Kenkyu Koza*].
1965	
Em fevereiro publica *Beleza e tristeza*. Em abril começa a ser veiculada na emissora NHK a telenovela *Um breve tempo* [*Tamayura*], com roteiro de Kawabata. Em outubro publica *Um só braço* [*Kataude*] e, no mesmo mês, renuncia ao cargo de presidente do PEN Club.	Em fevereiro publica *Música* [*Ongaku*]. Em março começa a ser publicada nova edição da *Antologia completa de contos de Yukio Mishima*, dessa vez pela editora Kodansha, cujo sexto e último volume será lançado em agosto do mesmo ano. Ainda em março viaja à Inglaterra mediante convite do Conselho Britânico. Em abril completa o filme *Rito de amor e de morte* [*Yukoku*], escrito e estrelado por si mesmo. Em julho publica *Peregrinação a Mikumano* [*Mikumano Mode*] e, em agosto, *Olhos: alguns pensamentos fragmentados sobre a Arte* [*Me: Aru Geijutsu Danso*]. Entre setembro e outubro viaja com sua esposa por Estados Unidos, Europa e Sudeste Asiático. Em novembro publica *Madame de Sade* [*Sado Koshaku Fujin*].

Yasunari Kawabata	Yukio Mishima
1966	
De janeiro a março permanece internado no hospital da Universidade de Tóquio devido a uma inflamação no fígado. Em maio publica *Flores que caem, água que corre* [*Rakka Ryusui*].	Em janeiro recebe o XX Prêmio do Festival Nacional de Arte (categoria "teatro") por sua peça *Madame de Sade*. Em março publica *O grande saber para mulheres não castas* [*Han-Teijo Daigaku*]; em abril, a adaptação do roteiro do filme *Rito de amor e de morte* [*Yukoku*]; e em junho, *As vozes dos mortos heroicos* [*Eirei no Koe*]. Em julho se torna membro do comitê de seleção do Prêmio Literário Akutagawa. Em agosto publica *Um namorado complicado* [*Fukuzatsu na Kare*], e tem publicada a *Antologia completa de ensaios de Yukio Mishima* [*Mishima Yukio Hyoron Zenshu*] pela editora Shinchosha. Em setembro publica *O martírio de São Sebastião* [*Sei-Sebastian no Junkyo*] (tradução feita em conjunto com Kotaro Ikeda da peça de Gabriele d'Annunzio) e, em outubro, *Diálogo: teoria sobre os japoneses* [*Taiwa: Nihonjin-ron*] (diálogo entre Mishima e Fusao Hayashi). Em novembro chega a um acordo pacífico com a família Arita referente ao caso de *Depois do banquete*.

Yasunari Kawabata	Yukio Mishima
\multicolumn{2}{c}{1967}	

Yasunari Kawabata	Yukio Mishima
Em fevereiro publica um apelo em prol da liberdade artística frente à Revolução Cultural Chinesa, em conjunto com Kobo Abe, Jun Ishikawa e Yukio Mishima. Em abril é inaugurado o Museu de Literatura Moderna Japonesa, do qual se torna consultor honorário. Em julho sua filha adotiva, Masako, casa-se com Kaori Yamamoto, que troca seu sobrenome pelo da esposa, tornando-se Kaori Kawabata. A cerimônia de casamento é realizada em agosto na embaixada japonesa em Moscou.	Em março publica *Desde a terra desolada* [*Koya yori*]. Em abril participa de treinamento militar experimental na Brigada Aérea de Narashino, em regimento da Academia Militar de Fuji e na Academia de Treinamento de Oficiais das Forças de Autodefesa em Kurume. Em setembro publica *O caminho do samurai* [*Hagakure Nyumon*] e *Roupa formal* [*Yakai Fuku*] e, em outubro, *O declínio e a queda dos Suzakus* [*Suzaku-ke no Metsubo*]. Em dezembro experimenta pela primeira vez voar em um caça a jato F-104, na base aérea de Hyakuri. Também em dezembro tem publicada pela editora Shinchosha a *Antologia completa de romances de Yukio Mishima* [*Mishima Yukio Chohen Zenshu*], em dois volumes, dos quais o último sairá em fevereiro do ano seguinte.

Yasunari Kawabata	Yukio Mishima
1968	
Em fevereiro assina a "Petição aos membros do Parlamento japonês sobre armamentos não nucleares". Em junho se torna membro da Associação de Cultura do Japão. Em julho passa a desempenhar a função de chefe de campanha de Toko Kon, candidato a membro da Câmara dos Conselheiros, realizando discursos públicos em Tóquio e Kyoto. Em 17 de outubro se torna o primeiro japonês a ganhar o Prêmio Nobel de Literatura. Em 10 de dezembro comparece à cerimônia de premiação em Estocolmo, realizando no dia 12, na Academia Sueca, a palestra celebratória *Eu no belo Japão: introdução* [*Utsukushii Nihon no Watashi: Sono Josetsu*].	Em março participa de treinamento militar experimental, juntamente com outros membros da Guarda Nacional Japonesa[3], no Acampamento Takigahara da Academia Militar de Fuji das Forças de Autodefesa (e em julho tomaria parte em novo treinamento). Em abril publica *Diálogo: pessoas e literatura* [*Taidan: Ningen to Bungaku*] (diálogo com Mitsuo Nakamura), e em julho *Aula de correspondência de Yukio Mishima* [*Mishima Yukio Retaa Kyoshitsu*]. Em 5 de outubro forma a "Sociedade do Escudo". Em 17 de outubro, celebrando o fato de Kawabata haver obtido o Prêmio Nobel de Literatura, escreve o texto de felicitação *A flor longeva da arte: a respeito do prêmio de Kawabata* [*Choju no Geijutsu no Hana wo: Kawabata-shi no Jusho ni Yosete*]. Ainda em outubro publica *Sol e aço*, e em dezembro *Meu amigo Hitler* [*Waga Tomo Hittoraa*].

---

3. Milícia fundada e liderada por Mishima em 1967, que mais tarde se tornaria a "Sociedade do Escudo".

Yasunari Kawabata	Yukio Mishima
\multicolumn{2}{c}{1969}

Em janeiro retorna da viagem pela Europa que realizou depois de receber o Prêmio Nobel. Em março se dirige ao Havaí para ministrar uma aula especial sobre literatura japonesa, e lá permanece até junho. Durante a viagem é apontado como membro honorário da Academia de Artes e Ciências dos Estados Unidos, juntamente com Alexander Soljenítsin e outros. Em março publica *Eu no belo Japão: introdução*. Entre abril e junho são realizadas pelo Japão diversas mostras e exposições sobre Kawabata, em homenagem à obtenção do Prêmio Nobel, motivo pelo qual ele retorna brevemente ao país. Em maio ministra a aula especial *A existência e a descoberta da beleza [Bi no Sonzai to Hakken]* na Universidade do Havaí. Em junho recebe o título honorário de doutor em literatura pela mesma universidade. Em julho participa de uma mostra sobre sua vida e obra na embaixada do Japão em Londres. Também em julho publica o conteúdo de sua aula *A existência e a descoberta da beleza*. Neste ano não publica nenhum romance.	Em janeiro publica *Neve de primavera*; em fevereiro, *Cavalo selvagem*; em abril, *Ensaio sobre a defesa da cultura [Bunka Boei-ron]*; em maio, *O lagarto negro [Kuro Tokage]*; em junho, *O terraço do rei leproso [Raio no Terasu]* e Debate: *Yukio Mishima contra os estudantes em esforço conjunto*[4] *da Universidade de Tóquio [Toron: Mishima Yukio vs. Todai Zen-Kyoto]*; e em julho, *Em prol dos jovens samurais [Wakaki Samurai no Tame ni]*. Em 3 de novembro realiza um desfile no telhado do Teatro Nacional em celebração de um ano de formação da Sociedade do Escudo.

4. Refere-se a grupos de estudantes ativistas que se formaram em universidades de todo o Japão no final da década de 1960, cada qual com objetivos diversos.

Yasunari Kawabata	Yukio Mishima
1970	

| Em junho participa de encontro da Associação de Escritores da Ásia, que ocorre em Taipei, onde realiza uma palestra. Em seguida participa como convidado de honra do Prêmio Internacional do PEN Club, realizado em Seul. Em julho é agraciado com o título honorário de doutor em literatura pela Universidade de Hanyang, e realiza em celebração a palestra *Reunindo amigos através do saber* [*Ibun Kaiyu*]. Em 25 de novembro ocorre o suicídio de Yukio Mishima. | Em março é publicada pela editora Kodansha a *Antologia de ensaios literários de Yukio Mishima* [*Mishima Yukio Bungakuron Shu*]. Em julho publica *O templo da aurora*, terceira parte de *O mar da fertilidade*. Em setembro é publicada pela editora Nippon Kyobunsha a coletânea de diálogos e debates *Espírito bélico* [*Shobu no Kokoro*]. Em outubro publica *Introdução à ciência do comportamento* [*Kodogaku Nyumon*] e *Teoria sobre escritores* [*Sakka-ron*], e ainda tem publicada pela editora Kawade Shobo a coletânea de diálogos e debates *Sentimentos da fonte* [*Gensen no Kanjo*]. Por uma semana a partir de 11 de novembro é realizada uma exposição sobre Mishima na loja de departamentos Tobu, em Ikebukuro, Tóquio. Em 25 de novembro, comete suicídio na sala de comando geral da ala leste do Acampamento Ichigaya das Forças de Autodefesa do Japão, juntamente com outros membros da Sociedade do Escudo. Na ocasião deixa escritos dois poemas: "Espadas por varões empunhadas/ tilintam em suas bainhas;/ Quantos anos resistirá/ a primeira geada que hoje cai?" e "Cair é da flor;/ e ela cai, pois, antes das pessoas,/ antes do mundo que odeia a queda;/ assim sopra à noite o vendaval." |

Yasunari Kawabata	Yukio Mishima
\multicolumn{2}{c}{1971}	

Yasunari Kawabata	Yukio Mishima
Em 24 de janeiro preside o funeral de Yukio Mishima, realizado no templo Tsukiji Honganji. Em 22 de março aceita dar suporte à campanha política de Akira Hatano ao governo da província de Tóquio, participando também de discursos públicos (Hatano anuncia sua candidatura em 17 de março, apesar de as eleições serem já em 11 de abril). Não recebe nenhuma compensação por suas atividades durante a campanha, e tem inclusive de arcar com despesas de viagem. Em 16 de abril o diretor-executivo da Fundação Nobel visita o Japão, e viaja junto com Kawabata para Kyoto. No dia seguinte participa de reunião do Comitê dos Sete em Apelo pela Paz Mundial. Em maio é realizada uma exposição particular dos textos de Kawabata na galeria Kochukyo, em Nihonbashi, Tóquio. Devido a problemas de saúde, passa o verão inteiro em Kamakura. Em setembro publica uma petição pela restauração das relações entre Japão e China através do Comitê dos Sete em Apelo pela Paz Mundial, e em dezembro realiza uma declaração em protesto contra o IV Plano de Preparação das Forças Defensivas.[5] Em 25 de outubro se encontra com o romancista Nobuyuki Tateno em seu leito de morte, o qual lhe incumbe os preparativos e a realização de uma Reunião Internacional de Estudos Japoneses.	Em 24 de janeiro é realizado seu funeral no templo Tsukiji Honganji. Yasunari Kawabata se responsabiliza por presidir a cerimônia. Ainda em janeiro é publicada pela editora Kodansha a *Antologia completa de contos de Yukio Mishima*, em seis volumes (dos quais o último é lançado em maio). Em fevereiro é publicada postumamente *A queda do anjo*, última parte da tetralogia *O mar da fertilidade*, e em maio *O rei de Lan Ling* [*Ranryo-o*].

[5]. Plano proposto, entre outros, por Yasuhiro Nakasone, então diretor-geral da extinta Agência de Defesa japonesa e que viria a ser primeiro-ministro de 1982 a 1987. O plano visava aumentar a verba destinada às Forças de Autodefesa.

Yasunari Kawabata	Yukio Mishima
A partir do final do ano Kawabata se dedica em excesso a arrecadar fundos para o evento, comprometendo a própria saúde. Em dezembro é nomeado presidente honorário da Fundação de Literatura Moderna Japonesa.	

1972

Em 5 de janeiro comparece a uma reunião de início de ano dos funcionários da editora Bungeishunju, ocasião em que ministra também uma palestra. Em 18 de janeiro participa de reunião do Comitê dos Sete em Apelo pela Paz Mundial. Em fevereiro vai com a esposa a Osaka para o funeral de um primo. Sua saúde piora desde então, e é internado para cirurgia em 8 de março devido a uma apendicite, obtendo alta no dia 17. Na noite de 16 de abril se suicida por inalação de gás na sala que usava para trabalhar no edifício Zushi Marina, em Kanagawa. Um funeral privado é realizado no dia 18 em sua residência em Kamakura. Em 27 de maio, o PEN Club do Japão, a Associação dos Escritores do Japão e a Fundação de Literatura Moderna Japonesa realizam em conjunto um segundo funeral, na Casa Funerária Aoyama, em Tóquio, presidido pelo escritor Kojiro Serizawa. Em setembro são publicados postumamente *Durante certa vida* [*Aru Jinsei no Naka ni*] e *Dente-de-leão* [*Tanpopo*], e em janeiro de 1973 são publicados *Voz de bambu, flor de pessegueiro* [*Take no Koe, Momo no Hana*] e *O espírito da beleza japonesa* [*Nihon no Bi no Kokoro*].	

Referências bibliográficas[1]

Livros editados no Brasil

Yasunari Kawabata

Beleza e tristeza
[Utsukushisa to Kanashimi to, 1964]
Globo, 1988; e Estação Liberdade, no prelo

A casa das belas adormecidas
[Nemureru Bijo, 1961]
Estação Liberdade, 2004

A dançarina de Izu
[Izu no Odoriko, 1926]
Estação Liberdade, 2008

A Gangue Escarlate de Asakusa
[Asakusa Kurenai Dan, 1930]
Estação Liberdade, 2013

Kyoto
[Koto, 1962]
Estação Liberdade, 2006

O lago
[Mizuumi, 1954]
Estação Liberdade, 2010

O mestre de go
[Meijin, 1972]
Estação Liberdade, 2011

Mil tsurus
[Senbadzuru, 1949]
Estação Liberdade, 2006

---

1. Os títulos estão organizados por ordem alfabética.

O País das Neves
[Yukiguni, 1935]
Estação Liberdade, 2004

O som da montanha
[Yama no Oto, 1949]
Estação Liberdade, 2009

Yukio Mishima

Cavalo selvagem (série *O mar da fertilidade* – II)
[Honba, 1969]
Benvirá, 2014

Confissões de uma máscara
[Kamen no Kokuhaku, 1949]
Companhia das Letras, 2004

Cores proibidas
[Kinjiki, 1951]
Companhia das Letras, 2002

O marinheiro que perdeu as graças do mar
[Gogo no Eiko, 1963]
Rocco, 1986

Mar inquieto
[Shiosai, 1954]
Companhia das Letras, 2002

Neve de primavera (série *O mar da fertilidade* – I)
[Haru no Yuki, 1969]
Benvirá, 2013

O Pavilhão Dourado
[Kinkakuji, 1956]
Companhia das Letras, 2010

A queda do anjo (série *O mar da fertilidade* – IV)
[Ten'nin no Gosui, 1971]
Benvirá, 2015

Sol e aço
[Taiyo to Tetsu, 1968]
Brasiliense, 1985

O templo da aurora (série *O mar da fertilidade* – III)
[Akatsuki no Tera, 1970]
Benvirá, 2014

Outros autores

Ryunosuke Akutagawa
Inferno (em *Kappa e o levante imaginário*)
[Jigokuhen, 1918]
Estação Liberdade, 2010

Osamu Dazai
O pôr do sol
[Shayo, 1947]
Civilização Brasileira, 1974

Jun'ichiro Tanizaki
Diário de um velho louco
[Futen Rojin Nikki, 1961]
Estação Liberdade, 2002

Em louvor da sombra
[In'ei Raisan, 1933]
Companhia das Letras, 2007

A gata, um homem e duas mulheres
[Neko to Shozo to Futari no Onna, 1936]
Estação Liberdade, 2016

Obras inéditas no Brasil

Yasunari Kawabata

Antologia completa de Yasunari Kawabata
[Kawabata Yasunari Zenshu]

Antologia de Yasunari Kawabata
[Kawabata Yasunari-shu]

Após o ferimento
[Kizu no Ato]

Arco-íris
[Niji]

Canção da Itália
[Itaria no Uta]

Chapim-carvoeiro
[Higara]

Conto infantil
[Dowa]

Coração de moça
[Musume-Gokoro]

Crepúsculo
[Yuhi]

Dados noturnos
[Yoru no Saikoro]

A dançarina
[Maihime]

Dente-de-leão
[Tanpopo]

Durante certa vida
[Aru Jinsei no Naka ni]

O espírito da beleza japonesa
[Nihon no Bi no Kokoro]

A estudante
[Jogakusei]

Eu no belo Japão
[Utsukushii Nihon no Watashi]

Eu no belo Japão: introdução
[Utsukushii Nihon no Watashi: Sono Josetsu]

A existência e a descoberta da beleza
[Bi no Sonzai to Hakken]

Fantasia de cristal
[Suisho Genso]

Flores que caem, água que corre
[Rakka Ryusui]

Jardim da corte I
[Kyutei no Niwa I]

Lírica
[Jojoka]

Meretriz de barco
[Funayujo]

Obras selecionadas de Yasunari Kawabata
[Kawabata Yasunari Senshu]

Os olhos nos últimos instantes
[Matsugo no me]

A passagem do bando de demônios
[Magun no Tsuka]

Páthos
[Aishu]

Pensão nas fontes termais
[Onsen Shuku]

Pepita de ouro
[Kinkai]

Pessoa de Tóquio
[Tokyo no Hito]

A primeira neve do Fuji
[Fuji no Hatsuyuki]

Novo casamento
[Saikonsha]

Ser uma mulher
[Onna de Aru Koto]

O sol e a lua também
[Hi mo Tsuki mo]

Som da terra natal
[Furusato no Oto]

Três primeiros dias do ano
[Shogatsu Sanganichi]

Uma folha de capim e uma flor
[Isso Ikka]

Uma história da cidade baixa por onde passa o rio
[Kawa no Aru Shitamachi no Hanashi]

Uma jovem à luz do crepúsculo
[Yubae Shojo]

Uma rua com vento
[Kaze no Aru Michi]

Um breve tempo
[Tamayura]

Um só braço
[Kataude]

Viagem a Izu
[Izu no Tabi]

Voz de bambu, flor de pessegueiro
[Take no Koe, Momo no Hana]

Yukio Mishima

Antes das íris
[Ayame no Mae]

Antologia completa de contos de Yukio Mishima
[Mishima Yukio Tanpen Zenshu]

Antologia completa de peças de Yukio Mishima
[Mishima Yukio Gikyoku Zenshu]

Antologia completa de romances de Yukio Mishima
[Mishima Yukio Chohen Zenshu]

Antologia completa de ensaios de Yukio Mishima
[Mishima Yukio Hyoron Zenshu]

Antologia de ensaios literários de Yukio Mishima
[Mishima Yukio Bungakuron Shu]

Antologia de obras de Yukio Mishima
[Mishima Yukio Sakuhin-shu]

Antologia de Yukio Mishima
[Mishima Yukio-shi]

Árvore tropical
[Nettaiju]

Ataque da beleza
[Bi no Shugeki]

Ator em papel de mulher
[Onnagata]

Aula de correspondência de Yukio Mishima
[Mishima Yukio Retaa Kyoshitsu]

A aventura de Natsuko
[Natsuko no Boken]

O barco da felicidade iça velas
[Kofuku-go Shuppan]

Bela estrela
[Utsukushii Hoshi]

A caça e a presa
[Kari to Emono]

A cachoeira profunda
[Shizumeru Taki]

O caminho do samurai
[Hagakure Nyumon]

A capital da paixão
[Koi no Miyako]

A casa de Kyoko
[Kyoko no Ie]

Cavalgada
[Toonorikai]

Cigarro
[Tabako]

Cinco peças de nô moderno
[Kindai Nogaku-shu]

O copo de Apolo
[Apolo no Sakazuki]

Crisântemo do dia 10
[Tooka no Kiku]

Curso de educação sobre coisas imorais
[Fudotoku Kyoiku Koza]

Curso de educação sobre coisas imorais: continuação
[Zoku Fudotoku Kyoiku Koza]

Debandada de amor
[Ai no Shisso]

Debate: Yukio Mishima contra os estudantes em esforço conjunto da Universidade de Tóquio
[Toron: Mishima Yukio vs. Todai Zen-Kyoto]

O declínio e a queda dos Suzakus
[Suzaku-ke no Metsubo]

Depois do banquete
[Utage no Ato]

Desde a terra desolada
[Koya yori]

A deusa
[*Megami*]

Diálogo: pessoas e literatura
[Taidan: Ningen to Bungaku]

Diálogo: teoria sobre os japoneses
[Taiwa: Nihonjin-ron]

Duelo de ostentação da jovem Chikamatsu
[Hade Kurabe Chikamatsu no Musume]

Ensaio sobre a defesa da cultura
[Bunka Boei-ron]

Ensaio sobre Fusao Hayashi
[Hayashi Fusao Ron]

A era do azul
[Ao no Jidai]

Escola da carne
[Nikutai no Gakko]

Espada
[Ken]

Estrela
[Sutaa]

Excertos de um diário filosófico deixado por um assassino habitual da Idade Média
[Chusei ni okeru Ichi Satsujin Joshusha no Nokoseru Tetsugaku-teki Nikki no Bassui]

Fabricado no Japão
[Nipponsei]

O farol
[Todai]

Floresta em plena florescência
[Hanazakari no Mori]

A flor longeva da arte: a respeito do prêmio de Kawabata
[Choju no Geijutsu no Hana wo: Kawabata-shi no Jusho ni Yosete]

A folga dos romancistas
[Shosetsuka no Kyuka]

O girassol noturno
[Yoru no Himawari]

O grande saber para mulheres não castas
[Han-Teijo Daigaku]

Idade Média
[Chusei]

Introdução à ciência do comportamento
[Kodogaku Nyumon]

Jovens, ressuscitai
[Wakoudo yo Yomigaere]

Koto da alegria
[Yorokobi no Koto]

Koto da alegria, seguido de Minoko
[Yorokobi no Koto, Fu: Minoko]

Os ladrões
[Tozoku]

O lagarto negro
[Kuro Tokage]

Livro ilustrado de viagem
[Tabi no Ehon]

Madame de Sade
[Sado Koshaku Fujin]

Manual de estilo
[Bunsho Dokuhon]

Meu amigo Hitler
[Waga Tomo Hittoraa]

Minha época itinerante
[Watakushi no Henreki Jidai]

Minoko
[Minoko]

Moça
[Ojosan]

O monstro
[Kaibutsu]

A morte de Radiguet
[Radiguet no Shi]

Música
[Ongaku]

O ninho da formiga branca
[Shiroari no Su]

Noites de branco puro
[Junpaku no Yoru]

Obras completas de Mishima
[Mishima Zenshu]

Olhos: alguns pensamentos fragmentados sobre a Arte
[Me: Aru Geijutsu Danso]

Peregrinação a Mikumano
[Mikumano Mode]

Poderão as tartarugas alcançar as lebres?
[Kame wa Usagi ni Oitsuku ka?]

Prazer secreto
[Hygio]

Prédio do bramido dos cervos
[Rokumeikan]

Preparativos noturnos
[Yoru no Shitaku]

A primavera que foi longa demais
[Nagasugita Haru]

O primeiro sexo: curso de investigação do sexo masculino
[Daiichi no Sei: Dansei Kenkyu Koza]

O Príncipe Karu e a Princesa Sotoori
[Karu-no-miko to Sotoori-hime]

Provação pelas rosas
[Bara-kei]

A rede de paixão do vendedor de sardinhas
[Iwashi Uri Koi Hikiami]

Registros do falso Don Juan
[Nise Don Juan Ki]

O rei de Lan Ling
[Ranryo-o]

Rito de amor e de morte
[Yukoku]

Roupa formal
[Yakai Fuku]

A rosa e os piratas
[Bara to Kaizoku]

A santa
[Seijo]

Seda e discernimento
[Kinu to Meisatsu]

Sede de amar
[Ai no Kawaki]

As sete pontes
[Hashidzukushi]

O tambor de sarja
[Aya no Tsuzumi]

Teoria literária da vida humana
[Bungakuteki Jinseiron]

Teoria sobre escritores
[Sakka-ron]

O terraço do rei leproso
[Raio no Terasu]

Travessuras de animais
[Kedamono no Tawamure]

Uma história no cabo
[Misaki nite no Monogatari]

Uma morte em pleno verão
[Manatsu no Shi]

Um carro na noite
[Yoru no kuruma]

Um namorado complicado
[Fukuzatsu na Kare]

Um nobre célebre
[Kiken]

Um quarto trancado à chave
[Kagi no Kakaru Heya]

Um vacilo da virtude
[Bitoku no Yoromeki]

Utaemon Nakamura VI (como editor)
[Rokusei Nakamura Utaemon]

Vela da paixão
[Koi no Hokage]

As vozes dos mortos heroicos
[Eirei no Koe]

Yoshimasa
[Yoshimasa]

Outros

Ryunosuke Akutagawa
Memórias para um velho amigo
[Aru Kyuyu e Okuru Shuki]

Bansho Shobo (editora)
Debate: teoria sobre japoneses
[Taiwa: Nihonjinron]

Bungeishunju (editora)
Museu da literatura japonesa contemporânea (coleção)
[Gendai Nihon Bungakukan]

Yanagi Chikamatsu
Registro de Taiko
[Taikoki]

Chuo Koronsha (editora)
A literatura do Japão
[Nihon no Bungaku]

Enshin
Cântico do advento
[Raigo Wasan]

Fujiwara no Teika (org.)
Nova coletânea de poemas antigos e modernos
[Shinkokinshu]

Tsuneari Fukuda
O tufão Kitty
[Kitty Taifu]

Seiichi Funahashi
Kikugo
[Kikugo]

Shichiro Fuzakawa
Reflexão sobre a canção da montanha dos carvalhos
[Naoyamabushi-ko]

Hokiichi Hanawa (org.)
Coletânea de bibliotecas
[Gunsho Ruiju]

Shintaro Ishihara
A estação do sol
[Taiyo no Kisetsu]

Kawade Shobo (editora)
Coletânea completa de literatura japonesa
[Nihon Bungaku Zenshu]

Sentimentos da fonte
[Gensen no Kanjo]

Kodansha (editora)
Debate: pessoas e literatura
[Taidan: Ningen to Bunka]

Munetaka
Registros da morte do xogum Yoshihisa
[Shogun Yoshihisa-ko Kosei-ki]

Shikibu Murasaki
O conto de Genji
[Genji Monogatari]

Nippon Kyobunsha (editora)
Espírito bélico
[Shobu no Kokoro]

Akira Nogami
O conto de Karuizawa
[Karuizawa Monogatari]

Akiyuki Nosaka
Os pornógrafos
[Erogoto Shitachi]

O no Yasumaro (org.)
Registro de coisas antigas
[Kojiki]

Crônicas do Japão
[Nihon Shoki]

Koyo Ozaki
Demônio dourado
[Konjiki Yasha]

Shoichi Saeki
Pensar o Japão
[Nihon wo Kangaeru]

Sato (possível referência a Haruo Sato)
Despedida na manhã seguinte
[Kinuginu]

Tom Satomi
Abandonando uma anciã
[Ubasute]

Hisao Sawano
Uma conversa entre o vento e as árvores
[Kaze to Ki no Taiwa]

Shueisha (editora)
Coletânea completa da nova literatura japonesa
[Shin-Nihon Bungaku Zenshu]

Seijiro Shimada
Sobre o solo
[Chijo]

Shinchosha (editora)
Coletânea completa de literatura japonesa
[Nihon Bungaku Zenshu]

O grande saber para mulheres não castas
[Han-Teijo Daigaku]

Jun Takami
Antologia completa da literatura de Jun Takami
[Takami Jun Bungaku Zenshu]

Antologia Jun Takami
[Takami Jun Shu]

Uma péssima sensação
[Iya na Kanji]

Izumo Takeda
A viagem de Sakuramaru
[Sakuramaru Michiyuki]

Michio Takeyama
Na Grécia
[Girisha nite]

Shunsui Tamenaga
Flor de ameixeira
[Umegoyomi]

Tankosha (editora)
Jardim da corte I
[Kyutei no Niwa I]

Namboku Tsuruya
Conto de terror de Yotsuya
[Yotsuya Kaidan]

Koichiro Uno
Deus Baleia
[Kujiragami]

Koji Uno
Altos e baixos
[Fuchin]

Bimyo Yamada
Borboleta
[Kocho]

Tsunetomo Yamamoto
Ocultado pelas folhas
[Hagakure]

Isamu Yoshii
A história do apanhador de pérolas
[Tamatori Monogatari]

Zengzi
O grande saber
[Dà xué]

Autoria desconhecida

Cômoro negro
[Kurozuka]

Os contos de Ise
[Ise Monogatari]

Desde a terra desolada
[Koya yori]

História da princesa reclusa
[Ochikubo Monogatari]

A jovem nobre e o espelho
[Himegimi to Kagami]

Yuya
[Yuya]

Revistas

Amigo da Dona de Casa
[Shufu no Tomo]

Biblioteca de Belas-Artes em Cores Primárias
[Genshokuban Bijutsu Library]

Clube Feminino
[Fujin Kurabu]

Crítica
[Hihyo]

Cultura Artística
[Bungei Bunka]

Época das Artes
[Bungei Jidai]

Humano
[Ningen]

Literatura
[Bungei]

Literatura Nacional: Interpretação e Apreciação
[Kokubungaku: Kaishaku to Kansho]

Literatura Nacional: Pesquisa de Materiais Didáticos e Interpretações
[Kokubungaku: Kaishaku to Kyozai no Kenkyu]

Modernidade
[Gendai]

Multidão
[Gunzo]

Mundo
[Sekai]

Mundo Literário
[Bungakukai]

Nova Maré
[Shincho]

Opinião Pública Central
[Chuo Koron]

Opinião Pública Feminina
[Fujin Koron]

Panorama
[Tembo]

Reforma
[Kaizo]

Revista da Associação de Ajuda à Benevolência
[Hojinkai]

Século da Literatura
[Bungei Seiki]

Teatro
[Engeki]

Vida do Povo
[Minsei Shimbun]

Vida Feminina
[Fujin Seikatsu]

Voz
[Koe]

Sobre o tradutor

FERNANDO GARCIA, nascido em 1983, é tradutor de japonês, inglês e espanhol. Graduou-se em tradução japonês-português pela Universidade Federal do Rio Grande do Sul (UFRGS). Após estar afiliado por um ano à Universidade de Hokkaido como pesquisador de literatura comparada, passou a trabalhar em tempo integral como tradutor *freelancer*, dedicando-se também à tradução das obras de Natsume Soseki e outros autores. É também instrutor licenciado da escola Urasenke de cerimônia do chá, oferecendo aulas em diversos idiomas.

ESTE LIVRO FOI COMPOSTO EM CHAPARRAL PRO 11
POR 15 E IMPRESSO SOBRE PAPEL CHAMBRIL AVENA
80 g/m² NAS OFICINAS DA RETTEC ARTES GRÁFICAS
E EDITORA, SÃO PAULO — SP, EM MAIO DE 2019